"En el recodo de todo camino
la vida me depare el bravo amor..."

"Canción de Sergio Stepansky"
León de Greiff

"Descargando una chiva en Totoró, departamento del Cauca".

BANCAFE

CON

Juan Luis Mejía Arango

En el Recodo de Todo Camino

Editor
BANCAFE
Gilberto Gómez Arango
Presidente

Título
"En el recodo de todo camino"

Autor
Juan Luis Mejía Arango

Comité Editorial
Rosaema Arenas Abello
Sara González Hernández
Germán Darío Abella Abondano
Lorenzo Fonseca Martínez

Fotografía
Guillermo Melo González
Profesor Universidad de Antioquia

Diseño y Producción Gráfica
Germán Cantor González
Patricia Sandoval Sánchez

Material Gráfico facilitado por:
Archivo General de la Nación de Colombia
Biblioteca Pública Piloto de Medellín
Biblioteca Luis Angel Arango
Fundación Antioqueña de Estudios Sociales (FAES)
Federación Nacional de Cafeteros de Colombia
Archivo Camilo Moreno
Juan Camilo Segura

Coordinación Editorial
Fondo Cultural Cafetero

Selección de color, Impresión y Encuadernación
Litografía Arco

Primera Edición, Santafé de Bogotá, D.C.
Noviembre de 1998

ISBN: 958- 9144-59-4

Portada:
Carretera en Jardín, Antioquía.
Fotografía de Guillermo Melo G.

Impreso en Colombia
Printed in Colombia

Contenido

Prólogo

Viajar por tierra a lo largo y ancho del país ha sido durante muchos siglos una verdadera odisea. Las agrestes características de un territorio como el nuestro, identificado al occidente por el sistema montañoso de los Andes que entra por el sur de Colombia y se divide en tres cordilleras separadas por profundos valles, han sido obstáculo natural para el libre y eficiente desplazamiento de sus gentes. Para cruzar el país el viajero se ve obligado a remontar desde el nivel del mar alturas promedio de más de 3.000 metros y a encontrar toda suerte de dificultades topográficas que los Andes colombianos representan para el trazo de caminos y vías.

Las culturas prehispánicas, asentadas preferencialmente en nuestros territorios montañosos, desarrollaron a lo largo de los siglos una extensa red primaria de comunicación organizada por senderos y ríos que les permitió el desplazamiento, el intercambio regional y el comercio de bienes tanto de extracción -esmeraldas, oro, sal- como elaborados -mantas, tejidos, cerámica- para un consumo regional.

Esta estructura, que el período colonial aprovechó sin inversión ni esfuerzo adicional, sirvió con precariedad las necesidades de más de 300 años de colonización. Los caminos reales de la colonia en gran parte de su recorrido eran pobres senderos que desafiaban formidables obstáculos naturales.

En los albores del siglo XIX la independencia encontró un país totalmente desprovisto de infraestructura vial. Los gobiernos de la recién fundada nación se preocuparon por la falta de comunicación entre el sinnúmero de regiones, geográficamente aisladas, que se agrupaban bajo el nombre de Colombia y cuya integración representaba una aspiración sentida y una búsqueda frustrada.

Circunstancias todas que explican por qué, a partir de la segunda mitad del siglo pasado, el país y sus gobernantes fincaron sus esperanzas en los trenes como la panacea de la consolidación republicana. Los rieles se convirtieron en la ilusión de la verdadera comunicación para ese enjambre de asentamientos prehispánicos, reestructurados por el urbanismo hispánico, y para las numerosas fundaciones llevadas a cabo a lo largo del siglo XIX, que aspiraban a integrarse en una sola nación. Esperanza que al terminar el siglo pasado se convirtió en frustración por la deshilvanada construcción de tramos aislados de ferrocarril.

El siglo XX trajo consigo no sólo la maravilla de la aviación, que para Colombia definió una nueva dimensión geográfica, sino también la determinación política de darle más importancia en el presupuesto a la construcción y mejoramiento de caminos y senderos, que a la financiación de más ferrocarriles. En la tercera década de este siglo se empezó a percibir este proceso que terminó por darle, una vez pavimentadas las vías, la sentencia de muerte al sistema de trenes.

El transporte veredal requirió de una respuesta colectiva de máxima economía para el usuario campesino. De las mulas se pasó, parcialmente, a la posibilidad que ofreció en algunas regiones el tren y en zonas ribereñas la navegación a vapor. Tan sólo en este siglo con la construcción de la red vial se logró establecer un sistema de transporte terrestre coherente con las necesidades agrarias. Buses, camiones, "chivas" y "yipaos" conforman regionalmente un mundo propio que responde a los requerimientos de mercadeo, de desplazamiento, de intercomunicación.

Las "chivas", ese transporte colectivo que caracteriza algunas de nuestras regiones, son una cultura pintoresca en sí misma. La mecánica de la máquina, la estructura básica en madera de la carrocería, el diseño industrial de aprovechamiento del espacio con acceso directo a las bancas corridas, el portacarga sobre el vehículo conforman un todo que lleva además un lenguaje pictórico muy propio que les otorga identidad.

Diseños, colores, formas, temas y su aplicación particular en cada uno de los sectores de la carrocería de la "chiva" constituyen una cultura muy especial. El uso de color de fondo y de detalle, los temas geométricos superpuestos y la escogencia de un tema pictórico especial, a gusto del propietario-conductor, que se plasma en la parte posterior del vehículo, identifican al dueño y a este medio de transporte.

El recorrido veredal genera una serie de hitos de carretera. La devoción al santoral encargado de proteger a conductores, vehículos y pasajeros se expresa no sólo dentro del vehículo sino también a lo largo del camino: altares, criptas, imágenes de bulto a la vera del potrero y grafitti -complementados con flores plásticas, farolas fundidas y piezas de automotor- se mezclan como oración en un homenaje al santo predilecto.

A la orilla del camino se genera un mundo que vive del movimiento cotidiano. Alimentos, refrescos, alojamiento, provisión de combustible, artesanías y recuerdos son ofrecidos al viajero para satisfacción de sus necesidades.

En tres grandes capítulos, el autor de **En el Recodo de Todo Camino**, el historiador Juan Luis Mejía Arango, apoyado por el fotografo Guillermo Melo González, ofrece al lector la investigación llevada a cabo a partir del tema central de la Colección BANCAFE, a saber, aspectos inéditos sobre el transporte. En el primer capítulo se presenta el paso de la mula al tren y a la carretera con algunas anécdotas sobre el tranvía y la llegada del automóvil, para culminar con las carreteras en el siglo XX.

En el segundo capítulo se reúne lo relacionado con el transporte veredal. Las chivas y buses escaleras, el yipao y otros insólitos vehículos constituyen el aspecto poco conocido de la cultura del transporte popular.

En el tercer capítulo se refieren los aspectos de la religiosidad en el transporte y las múltiples actividades a la orilla del camino. Se incluye, al final, un "breve diccionario", espléndida recopilación de la terminología del camino, del conductor y del vehículo.

Este título constituye el quinto volumen de la Colección BANCAFE, el cual en el presente año es ofrecido también a los amigos y clientes de CONCASA, entidad que a partir de este año hace parte de BANCAFE.

La Colección BANCAFE ha venido reconstruyendo progresivamente la imagen nostálgica y anecdótica del inicio de las diferentes modalidades del transporte en nuestro medio. La obra **En el Recodo de Todo Camino**, de Juan Luis Mejía, contribuye a este propósito con el fin de recrear un pasado olvidado que sirva para mejorar el presente.

GILBERTO GÓMEZ ARANGO
Presidente de BANCAFÉ

'Yipao corotiando en las carreteras del Quindío".

"...dijo que había soñado los caminos, que eran como rayas de tigre, como nuevas rayas que se le iban sumando a su piel, y que por alguna razón misteriosa él sentía cómo era eso de los caminos, y el impulso de abrirlos, los veía antes de trazarlos, los oteaba en la selva, sabía de alguna manera por dónde debían orientarse sus rayas".

La otra raya del tigre.
Pedro Gómez Valderrama.

Para iniciar el camino

Estaba el territorio. Existía gente aislada en la inmensidad de un país con mapa difuso. La triple cordillera cubierta de selva contribuía al confinamiento.

Los ríos que buscaban el mar sugerían la posibilidad de otros mundos, de otras gentes. Los indígenas se lanzaban agarrados de un tronco a favor de la corriente. Todavía en 1825 Jean Baptiste Boussingault los vio navegar por el Cauca en cercanías de Marmato:

> *"Vi pasar, con la rápidez de una flecha, a una india a caballo sobre un tronco al que se aferraba desesperadamente, rodeándolo con sus brazos..."*

También estaban las balsas de guadua en las que se viajaba con el agua a las rodillas. En el Magdalena navegaban los champanes con sus bogas de leyenda.

Además estaban los caminos que trepaban perpendicularmente la montaña. En los pasos difíciles, los indígenas construían delgados peldaños que subían de lado con agilidad de felinos. El europeo subía reptando. Por eso debía recurrir al carguero o silletero. A lomo de hombre viajaron por Colombia ilustrados herederos del siglo de las luces. Algunos, como Humboldt y Hamilton, sintieron pudor y prefirieron caminar. La mayoría cruzó las cordilleras dormitando en la incómoda silleta. En 1820 Francisco Antonio Zea escribía sobre la provincia de Antioquia:

> *"los que no tienen fuerzas suficientes para viajar a pie, o que no quieren ir sobre los hombros de los indios, tienen que quedarse toda la vida dentro de sus límites".*

La Colonia y buena parte del siglo XIX transcurrieron al paso lento de la mula. *"Con qué seguro paso el mulo en el abismo"* canta José Lezama Lima en su "Rapsodía para el mulo". Soportaban carga e injurias: "¡Arre! !mula del demonio!" era el grito que anunciaba el paso de la recua. La mula transportaba las mercancías y el arriero las noticias, los rumores, los mitos y leyendas que iba recogiendo en los caminos. Después de desamarrar la carga se soltaba la lengua. El camino de herradura era para hombres, viajar era una temeridad. Un viaje marcaba un recuerdo imborrable para quien se atrevía. Muchos dejaban testamentos antes de partir.

El ferrocarril fue otro sueño frustrado de los colombianos. Desde la mitad del siglo XIX se habla del portentoso invento que por fin integraría al país. Era la ilusión del progreso, la entrada al mundo moderno, al vapor, a la velocidad. A la línea vertical del Magdalena empiezan a llegar los rieles. Unos bajan de la vertiente cafetera, otros cruzan la sabana. Poco a poco en el mapa se va formando un gigantesco ciempiés cuyo cuerpo es el río de la patria. Las líneas paralelas abrían el horizonte. *"El ferrocarril nos haría menos perezosos y más puntuales"* profetizaba con ingenuidad don Julio Valenzuela.

De pronto, aquel impulso arrollador se detiene. En la década del treinta el ciempiés deja de crecer. Lentamente el tren deja de ser el sueño del progreso y se convierte en nostalgia. La maleza invade la carrilera y las locomotoras se transforman en gigantescas macetas de batatilla. Finalizamos el siglo XX con las mismas falsas ilusiones del XIX: tratando de poner a rodar el ferrocarril.

CUANDO LA MULA FUE INSUFICIENTE

Cuando la mula fue insuficiente

Al leer la prensa de la pasada centuria, dos temas ocupan la atención: la política y las vías de comunicación. El aislamiento asfixiaba a los colombianos de la segunda mitad del siglo XIX. En todas las regiones el debate giraba alrededor de la construcción de caminos, telégrafos, ferrocarriles, puentes, muelles y cables aéreos.

La mula, el buey y el carguero eran insuficientes para satisfacer las demandas de un país que intentaba asomarse al progreso, que buscaba ingresar en los mercados internacionales. Las limitaciones en peso y volumen -una mula era capaz de transportar máximo dos bultos de 62.5 kilogramos y un carguero podía con un hombre o un fardo de setenta kilos-, así como la urgencia de rebajar fletes para competir en los mercados internacionales y la necesidad de ampliar las fronteras agrícolas y de llegar con los bienes de la "civilización" a los territorios "incultos", eran motivaciones que dieron origen a todo tipo de proyectos: unos realizables, totalmente utópicos la mayoría.

Los mineros se quejaban de que su producción no podía aumentar debido a que los pisones de los molinos usados para la trituración de la roca eran demasiado livianos, pues no excedían de 75 kilos cada uno, máximo peso que podía llevar la mula que los introducía a las apartadas regiones auríferas. Estos molinos lograban moler unos 750 kilos de mineral por día, mientras en California se usaban pisones de hasta 350 kilos, lo que permitía a una sola mina norteamericana moler díariamente más mineral que los 870 molinos instalados en Colombia en 1871[1].

En el caso de las mercancías importadas, al peso del objeto se le debía añadir el del embalaje. Era el caso de las importaciones provenientes de Estados Unidos que se empacaban en cajas elaboradas en tablas de pino de una pulgada a tres cuartos de pulgada de grueso, que incorporaban un peso accesorio al del objeto.

El volumen era otra limitante. La maquinaria de la revolución industrial implicaba enormes objetos de hierro fundido que era imposible despiezar y que por tanto debían ser transportados enteros. Calderas, engranajes, bombas hidráulicas, ruedas Pelton se transladaban en turegas o en burdos carromatos.

Todavía en 1910 el transporte de una caldera de dos toneladas de peso y 4.60 metros de longitud constituía una proeza. Contaba Camilo C. Restrepo, gerente del Ferrocarril de Amagá, el caso de una de ellas:

> *"De Puerto Berrío a Cisneros, estación terminal entonces, fue transportada por el F.C de Antioquia y de Cisneros a Medellín por cuenta del Sr. Aguirre, en carretilla especial despachada de Estados Unidos. En abril de 1910 salió de Cisneros la caldera, y llegó a Medellín en noviembre del mismo año. Es decir, siete meses por la montaña entre*

Transporte de caldera para locomotora entre Cisneros y Medellín en 1910.
Revista Sábado, Medellín 1922.

Cisneros a Medellín, (88 kilómetros) habiéndose gastado 6 horas de Puerto Berrio a Cisneros, por los rieles del ferrocarril, para el recorrido de 106 kilómetros" (2).

Los andamios de madera que conformaban la turega eran soportados por bueyes que con parsimonia recorrían los infernales caminos de montaña.

"Como los bueyes acostumbran poner la pata siempre en la misma huella, se forma en el camino una serie de hoyos pequeños separados por ciertas prominencias de tierra, que en el tiempo de las lluvias fuertes permanecen ocultas por el agua, haciéndose muy vacilante la marcha del viajero, que ignora donde pisa" (3).

A tal extremo quedaban destruidos, que al final de los inviernos los arrieros de mula se negaban a viajar por los caminos usados por los vacunos.

Pero no solo la industria se veía afectada por las limitaciones de las vías de comunicación. Participar de la civilización implicaba el consumo de bienes suntuarios de difícil transporte. Lámparas de cristal, espejos de cuerpo entero, pianos de cola eran objetos que requería el nuevo estatus cosmopolita. Es ilustrativa la descripción que hace el diplomático argentino Miguel Cané al transitar por el camino de Honda a Bogotá en 1882:

"Vamos encontrando a cada paso caravanas de indios portadores, conduciendo el eterno piano. Rara es la casa de Bogotá que no lo tiene, aun las más humildes. Las familias hacen sacrificios de todo género para comprar el instrumento que les cuesta tres veces más que en toda otra parte del mundo. Figuraos el recargo del flete que pesa sobre un piano; transporte de la fábrica a St. Nazaire, de allí a Barranquilla, veinte o treinta días; de allí a Honda, quince o veinte, si el Magdalena lo permite; luego, ¡ocho o diez hombres para llevarlo a hombro durante dos o tres semanas! Encorvados, sudorosos, apoyándose en los grandes bastones que les sirven para sostener el pia-

no en sus momentos de descanso, esos pobres indios trepan declives de una inclinación casi imposible para la mula. En esos casos, el peso cae sobre los cuatro de atrás, que es necesario relevar cada cinco minutos. A veces las fuerzas se agotan, el piano viene al suelo y queda en medio del camino. Así hemos encontrado calderas para motores fijos, muebles pesados, etc. Nadie los toca y no hay ejemplo de que se haya perdido uno solo de esos depósitos entregados a la buena fe general" [4].

Según los cálculos de Aníbal Galindo, subir un piano de treinta arrobas de Honda a Bogotá costaba ciento sesenta pesos o sea treinta y ocho centavos por arroba y por legua[5].

Otro motivo importante para construir vías de comunicación, radicaba en la necesidad de incorporar nuevos territo-

Turega transportando caldera para locomotora.
Óleo de Humberto Chaves.
Colección Fabricato.

rios a la producción agropecuaria, de fomentar la colonización. Este espíritu se encuentra en las observaciones que en 1870, Solón Wilches hace sobre el Proyecto de Ley que cedía a la Nación el llamado territorio Bolívar perteneciente al Estado de Santander:

> *"El objeto propuesto por la Ley nacional del lo. de julio del presente año, sobre colonización de territorios, es impulsar la riqueza pública fomentando el cultivo de los terrenos incultos cuyas inmensas riquezas naturales se encuentran hoy estancadas, y reducir las tribus de indígenas que en su estado salvaje son un estorbo a nuestro progreso"* [(6)].

Pero el problema central del aislamiento lo constituían el flete, la inseguridad y el tiempo invertido en el transporte. Según datos suministrados por James Parsons[(7)] hacia 1880 una carga (dos fardos de 62.5 kilogramos) pagaba 3.20 dólares por los ocho días de viaje fluvial entre Barranquilla e Islitas y de 10 a 12 dólares por los quince días de viaje terrestre de Islitas a Medellín. A este costo había que agregarle el dólar que cada fardo debía pagar por el bodegaje. En invierno el tiempo se duplicaba y por tanto el flete aumentaba. W. Mc. Greevy calculaba que el flete promedio en caminos de herradura en el periodo 1845-1880 era de 41.6 centavos por tonelada-kilómetro. Estos precios dependían de la siempre escasa oferta de mulas. Hubo años, como el de 1880, en que las mercancías se quedaron en bodega por más de seis meses debido a una peste que diezmó el número de mulas aptas para el transporte[(8)].

El país necesitaba con urgencia vías de comunicación. Pero ¿de qué tipo? A las múltiples polémicas sostenidas durante el siglo XIX se le sumó una más: El transporte.

Ferrocarril o carretera, he ahí el dilema.

La controversia sostenida en la Cámara de Representantes, en 1874, entre Aquileo Parra, Secretario de Hacienda y Fomento de la administración de Santiago Pérez y el representante Salvador Camacho Roldán es ilustrativa de las posiciones y argumentos que adoptó cada uno de los bandos en defensa de cúal medio de comunicación era más benéfico para el país: rieles o carreteras.

Durante la presidencia de Manuel Murillo Toro, don Aquileo Parra había presentado un Proyecto de Ley por medio del cual se autorizaba la construcción del Ferrocarril del Norte que comunicaría los Estados de Cundinamarca, Boyacá y Santander. Para su construcción se autorizó una sobretasa a la sal que permitiría recaudar los doce y medio millones de pesos que costaría la obra. El estudio de factibilidad contratado a los ingleses demostró que la obra costaría en realidad treinta millones. En consecuencia, Parra, en su calidad de Secretario de Hacienda, solicitó autorización para obtener recursos adicionales a los de la sal. El proyecto fue aprobado en el Senado, pero al llegar a la Cámara se desató el debate.

El Representante Salvador Camacho Roldán se opuso radicalmente aduciendo incapacidad fiscal del Estado colombiano para acometer obras de tal magnitud. Argumentaba además que siendo el café nuestro principal producto de exportación, éste se cultivaba en la laderas donde no podría llegar el ferrocarril y si lo hacía era a costos muy altos. Al declararse firme partidario de la alternativa de las carreteras como opción más económica y viable para nuestra tortuosa geografía, Camacho terminó sugiriendo que el Secretario de Hacienda lo que pretendía era valorizar terrenos que poseía en el Carare. Ante el agravio, Parra se retiró del recinto y la Cámara en solidaridad, aprobó su proyecto. Sin embargo, las obras del Ferrocarril del Norte sólo se iniciaron en 1893[9].

Cuentas diferentes a las de Camacho Roldán hacían los partidarios del ferrocarril. Francisco Javier Cisneros calculaba en 1874, que el flete entre Medellín y el Magdalena sería de 17 centavos tonelada/kilómetro para importaciones, de 11 centavos para exportaciones y de 8.5 centavos para el café, lo cual representaba una gran reducción de los fletes de mula estimados entonces en 41.6 centavos. Argumentaban también que la construcción de la línea férrea promovería la colonización y la explotación económica de tierras consideradas hasta entonces como incultas.

No sólo beneficios en el flete traería el ferrocarril. La actitud física y mental de los colombianos se transformaría, según los argumentos que presentaba don Julio Valenzuela:

> *"Los ferrocarriles, por medio de la rápidez de las comunicaciones, por la comodidad que ofrecen y más que todo, por la necesidad de acudir a la estación a horas precisas a depositar carga, y también para los viajeros llegar a tiempo a tomar sus tiquetes y ocupar sus puestos, todo esto hace que los habitantes, chicos y grandes, hombres mujeres, alta y baja sociedad, se vean obligados a abandonar cierta pereza e inacción y aprendan a cumplir con sus deberes, acudir correctamente a las citas y aún a ser amantes de la verdad y del cumplimiento estricto de la palabra"* [10].

Los amigos de las carreteras contrargumentaban que el ferrocarril sólo se justificaba económicamente cuando podía transportar grandes masas a largas distancias y cuando disponía de carga suficiente en las dos direcciones. En sus *Escritos Varios*, libro publicado en 1893, Camacho Roldán continuaba su diatriba:

> *"Con los ferrocarriles sucede lo que con todas las obras humanas: el tiempo las carcome, el uso las destruye, el progreso las deja atrás. Más que ninguna obra humana, el ferrocarril está sometido a esta ley incesante de destrucción. Su servicio es de roce, vibración, desgaste..."* [11].

Pero el sueño del progreso lo representaba el ferrocarril. Rieles, vagones y locomotoras eran el símbolo de la técnica, de la máquina, de la velocidad. Las carreteras, si bien representaban algún adelanto, todavía estaban condicionadas a la tracción animal. Los coches y carretas que por ellas transitaban de alguna manera eran cosa del pasado. El fin del siglo XIX está signado por el traqueteo de la locomotora. Faltaban varios años para presenciar el reinado de la carretera.

Una solución intermedia y efímera: el tranvía de mulas.

A mitad de camino entre la carretera y el ferrocarril, en la década de los ochenta del pasado siglo, surgió el llamado "Tranvía de mulas" o 'Tranvía de sangre", terrible nombre con el cual también se le conocía. Constaba de un vagón de pasajeros que rodaba sobre rieles y era arrastrado por mulas.

En 1885, el Estado de Antioquia concedió un privilegio de cuarenta años al General Juan Clímaco Arbélaez, para establecer un tranvía de mulas *"por el sistema y del modo como funciona en las calles de Nueva York".* Luego de varios incumplimientos, la concesión fue cedida en 1889 a una com-

Tranvía de mulas, llamado también tranvía de sangre. Medellín. ca. 1892.

Óleo de Humberto Chaves.

Colección Fabricato.

F.C. DE BOGOTA

"Los tranvías en Bogotá. Punto de arranque en Chapinero.
Papel Periódico Ilus rado. Número 90. Año IV p.288. Tomo IV

pañía franco-belga llamada "La Colombiana". Posteriormente el Concejo Municipal de Medellín otorgó privilegio a la firma "Charles Pajin y Cía." que tampoco pudo consolidar el negocio. En resumidas cuentas parece que el tranvía de mulas fue fértil en pleitos mas no en servicios. Una de las causas que justificaban el incumplimiento era, según los contratistas, la dificultad para aclimatar las mulas que debían traer de Bogotá y

> *"como eran corpulentas, enseñadas a otro cuidado, sintieron nostalgia de su tierra y fueron muriendo prontamente"* (12). Según don Carlos J. Escobar *"En aquel tiempo se llamaba "La tranvía" y no era más que un carro grande con malos asientos y arrastrado por seis viejas y flacas mulas que se movían a fuerza de latigazos que dos mulatos arrieros descargaban sobre aquellos pobres animales"* (13).

Don Lizandro Ochoa narra que

> *"al llegar el tranvía a una de las estrechas calles allí se lucían las mulas, protestaban de lo nuestro, subiéndose a las aceras, atravesándose con carros y todo en mitad de la calle, obligando a los pasajeros, después de inútiles protestas, a prescindir de la travesía"* (14).

Tranvía de mulas de Medellín.
Foto Melitón Rodríguez. ca. 1982.
Placa de vidrio 18 x 24. Colección
Biblioteca Pública Piloto de Medellín.

Surgen las carreteras

Durante la administración de José Hilario López se construyó la llamada carretera de occidente, que unía a Bogotá con Facatativá. José María Cordovez Moure relata que aquella vía fue apodada "Terciopelo" debido al alto costo que representó su construcción.

En sus Memorias, Salvador Camacho Roldán la describe así:

> *"Aunque la línea es toda horizontal, el suelo es flojo y pegadizo, como que era el fondo de un antiguo lago, no enteramente desecado en el día, a causa de los derrames del río Bogotá en los inviernos. El camino era, pues, un profundo lodazal durante las lluvias, y una sabana cubierta de polvo en verano, de tan difícil tránsito, que, durante el invierno, se empleaban hasta tres días en recorrer las ocho leguas que median entre Facatativá y Bogotá. El precio de los víveres subía y bajaba con frecuencia de una manera increíble; el tráfico se hacía todo a espaldas de mulas; no había*

Diligencia usada a fines del siglo XIX para transporte de carga y pasajeros.
Óleo de Humberto Chaves.
Colección Fabricato.

un solo coche; apenas se arriesgaba uno que otro carro en los veranos... Apenas se vieron nuevas facilidades de locomoción los carros se multiplicaron rápidamente, coches cómodos empezaron a aparecer, los pueblos situados a lo largo de la vía experimentaron transformación notable. De un caserío de bahareque y paja con calles sucias y estrechas a cómodas habitaciones de tejas de dos pisos principalmente en Serrezuela y Facatativá... En el término Occidental de la Sabana fue fundado un hotel cómodo y bien servido (el de los Manzanos) y un servicio de ómnibus dio allí un descanso confortable a los pasajeros procedentes del Magdalena... El ejemplo cundió en todas las direcciones. Zipaquirá quiso comunicarse con Bogotá con otro camino igual. Soacha y Bosa no quisieron quedarse atrás y a la vuelta de diez y seis años, Bogotá contaba con más de treinta leguas de caminos carreteros "a la Mac-

Carretero Medellín -las Playas a fines del siglo XIX-
Foto Melitón Rodríguez.
Placa de vidrio 18 x 24. Colección Biblioteca Pública Piloto de Medellín.

Adams" a su alrededor, que hubieran podido ser más del doble si las perturbaciones del orden de 1851 no hubieren puesto obstáculo para ello..."

El sistema utilizado para la construcción de las primeras carreteras era el denominado "A la MacAdams", apellido del ingeniero escocés que lo desarrolló. Con el francés Trésaguet y el inglés Telford, trataron de solucionar el problema del traslado de pesadas cargas que empezó a imponer la revolución industrial. El sistema consistía en

"la excavación de una ancha zanja y su relleno con cascajo de espesor apropiado, directamente apoyado sobre un fondo de tierra apisonada. Trésaguet y Telfort prescribían que dicho relleno se compusiera de dos capas de distinto bulto y disposición (grandes piedras colocadas de canto, abajo, y grava encima); MacAdams prescribía una sola capa de cascajo pero que estuviese fuertemente apisonada con un rodillo de piedra" (15).

El camino motivó serias confrontaciones políticas pues los radicales argumentaban que aquella vía y los seis ómnibus de caballo que la recorrían en nada beneficiaban al pueblo y solo servían para que los cachacos del barrio La Candelaria pudieran pasar los fines de semana en el "Hotel de los Manzanos" que había construido don Guillermo París en la vía a Villeta.

El 28 de Mayo de 1864, durante la administración de Manuel Murillo Toro, se expide la primera Ley de la República que trata de manera integral las vías de comunicación. Entre las obras que ordena construir estan:

"1. Un camino carretero que comunicara a Bogotá con el río Magdalena y la canalización del mismo río.

2. Caminos de ruedas entre las ciudades de Cartagena, Riohacha, Medellín y los centros poblados de los Estados de Santander y Boyacá para comunicarlos con el río Magdalena.

3. Fomento de la navegación por vapor del río Zulia y la comunicación por carretera entre Cúcuta y dicho río.

4. Establecimiento de buques de vapor en el río Meta y la apertura de una vía de este río a la parte más poblada de los Estados de Cundinamarca y Boyacá.

5. La construcción de un camino de ruedas de Cali al puerto de Buenaventura.

6. La mejora de las comunicaciones existentes entre los Estados del Tolima, Antioquia y Cauca.

7. El establecimiento de una vía terrestre entre Barbacoas y el municipio de Túquerres.

8. Construcción de telégrafos eléctricos y cables submarinos para la comunicación del Istmo de Panamá con el resto de la República" (16).

El ambicioso plan debía ser financiado con un empréstito de un millón quinientas mil libras esterlinas que el Congreso no aprobó debido al elevado monto de la deuda externa existente.

De aquel programa de vías solo se construyó la carretera de Cúcuta al Zulia, precursora del ferrocarril del mismo nombre y el camino de Cali a Buenaventura que terminaría siendo el trazado del ferrocarril del Pacífico.

En el ensayo *Vicisitudes del modelo liberal* el historiador Jorge Orlando Melo se refiere así este primer programa vial:

> *"Además de las vías carreteables, se prestó alguna atención a la red de caminos de herradura heredados de la colonia. Fueron sobre todo, las autoridades regionales, y en especial las de los Estados soberanos durante la época de la federación, las que tuvieron este frente. El camino de Bogotá a Honda; la vía Bogotá-Tunja-Socorro; el camino de Medellín a Manizales, el camino del Quindío; la ruta Cali-Popayán-Pasto, hacían el papel de troncales del sistema de vías de herradura. A pesar de todos los esfuerzos, se mantuvieron generalmente en condiciones que hacían muy lento el tráfico, sobre todo en épocas de invierno... Hacia 1870, Colombia entró en la fiebre de los ferrocarriles y perdió casi todo su interés por las*

> *carreteras, por un lapso un poco mayor de treinta años..."* [17].

En Antioquia la primera carretera entre Medellín y el río Magdalena fue trazada por el inglés G. Griffin en 1870. El 14 de febrero de 1871, el presidente del Estado, Pedro Justo Berrío ordenó la construcción de la vía que partía de Medellín y debía pasar por los Distritos de Copacabana, Girardota, Barbosa, Santo Domingo, Yolombó y de allí hasta llegar al río. Bajo las órdenes de Benito A. Balcázar, un grupo de peones y presos iniciaron la construcción del carretero que, en 1873, había llegado hasta el sitio conocido como Yarumito, adelante de la población de Barbosa distante 60 Kilómetros de la capital del Estado. Desde allí hasta el Magdalena se abrió un camino de herradura.

En dirección sur, en 1874, se construyó el carretero hasta la población de Itagüí y en 1876 llegó hasta el poblado de Caldas, para completar en aquél un total de 96 kilómetros de carreteras construidas.

Cuenta don Lizandro Ochoa en su ameno libro *Cosas viejas de la Villa de la Candelaria* que

> *"La primera empresa de transporte fue la de don Modesto Molina. Estaba formada por un carro grande llamado "la diligencia" y tres vagones que con el anterior eran empleados para el servicio de pasajeros; tenía además varias carretillas de carga. La diligencia la arrastraban cuatro mulas, las cuales se reponían cada dos leguas; estaba montada sobre cuatro gruesas ruedas de madera guarnecidas con hierro de una por tres y media pulgadas; forrada por dentro y por fuera de vaqueta sin pintar y en lugar de resortes tenía unas correas dobles que le daban un movimiento de "columpio". Los equipajes los llevaban en la parte de atrás en un espacio en forma de maleta. Tenía también la diligencia un segundo piso, cuyos asientos eran protegidos por barandas; se le llamaba "el Imperial" y los pasajeros que preferían dicho sitio estaban expuestos al sol y a la lluvia. ...Los vagones eran similares a la diligencia, con la diferencia de que los asientos estaban colocados en forma de escaños como los camiones de hoy"* [18].

"La arrancada de un ómnibus en la Plaza de San Victorino hacia la Sabana ponía en movimiento el barrio. Los sobrecogidos viajeros permanecían encerrados en el vehículo, presas del terror al verse a merced de dos brutos resistidos a tirar: del aún más bruto cochero azotando a los caballos y arrojando vizcaínos torrentes; de otro bruto a guisa de mugriento postillón, arzonando al frente de la pareja de caballos para ayudarles a salir y de los ayudantes del empresario arriando, apaleando y martirizando a los resistidos corceles hasta que, al fin, despedían furiosos, con la velocidad que llevaría el diablo si se viera montado por un cura con espuelas de agua bendita"

José María Cordovez Moure.

Coches y Diligencias en la esquina noreste de la plaza de Nariño. Bogotá.
Grabado de Ricardo Moros Urbina en Papel Periódico Ilustrado. Tomo V. 1886-1888.

Nueva vida para las carreteras: llega el automóvil

Al finalizar el siglo XIX parecía inevitable el triunfo de los rieles frente a las carreteras. La velocidad, la capacidad de carga y sobre todo la sensación de ser moderno, de participar en la era industrial parecían relegar las carreteras a un papel secundario. Las carreteras se utilizaban para comunicar incipientes centros urbanos con sus poblaciones vecinas o para complementar las vías férreas o fluviales en aquellos tramos en los cuales no era posible contar con el ferro-

Abajo:
Carro Lincoln.
Foto Melitón Rodríguez, 1928. Placa de vidrio 13 x 18cm. Colección Biblicteca Pública Piloto de Medellín.

carril. Ya, en la última década del siglo la tecnología logra adaptar un motor de combustión interna a la carrocería de un vehículo de tracción animal: había surgido el automóvil. *"Este invento consigue orientar la atención general hacia las carreteras, colocándolas por primera vez en la historia, si bien dentro de ciertos límites, en una relación de competencia efectiva con los ferrocarriles y los barcos"* (19).

Parece que el primer automóvil que llegó al país fue un Diodome-Bouton importado por el magnate de las minas Carlos Coriolano Amador. Tenía capacidad para dos personas y venía con chofer y mecánico francés. En medio del

espanto de mulas y caballos y del asombro del pueblo, recorrió algunas calles de Medellín y a pesar de los esfuerzos del mecánico, al llegar frente al Banco Alemán-Antioqueño no quiso caminar más. *"Empujado por unos granujas regresó al palacio Amador"* dice el cronista. Era el 19 de Octubre de 1899. Esa semana había estallado en Santander la Guerra de los Mil Días. Así terminaba el siglo XIX: al borde del progreso y en medio de la barbarie.

Sólo al finalizar la guerra ingresaron al país nuevos automóviles. El primero en llegar a Bogotá fue un Cadillac de un cilindro importado por don Ernesto V. Duperly, en mayo de 1905.

Carro, Ford.
Foto Melitón Rodríguez, 1928. Placa de vidrio 13 x 18cm. Colección Biblioteca Pública Piloto de Medellín.

Las carreteras en el siglo XX

Bajo el lema de más administración y menos política, Rafael Reyes adelantó un vasto plan encaminado a aumentar y mejorar las vías de transporte en el país. Durante su administración la red ferroviaria aumentó en un 50% y se alcanzaron importantes avances como el de unir a Bogotá con el río Magdalena.

Pero no sólo dio impulso a los ferrocarriles. Durante su mandato se inició la construcción de la Carretera Central del Norte que pretendía unir la capital de la República y la frontera con Venezuela. Logró construir un tramo de más de 200 kilómetros y se dio el lujo de llegar en automóvil a Santa Rosa de Viterbo, su pueblo natal. Años después, al regresar y constatar que no se había avanzado ni un kilómetro más de construcción, expresó a sus acompañantes *"Hasta aquí llegamos los ladrones"*.

En 1905, El Congreso expidió la Ley 60, la cual clasificó las carreteras en nacionales, departamentales y municipales, y fijó las competencias de cada uno de los entes territoriales en su construcción y mantenimiento. Las carreteras, para ser nacionales, debían tener un mínimo de 50 kilómetros de longitud. Esta Ley fue uno de los puntos de discordia entre la administración Reyes y el Congreso, pues los parlamentarios aspiraban a que el gobierno central asumiera los costos de construcción de muchas de las vías regionales[20].

Para 1911 existían 587 kilómetros de carreteras construidas, cifra que aumentó a 1.183.7, en 1914.

En 1916 el Congreso retomó el tema de las carreteras y fijó nuevos criterios para definir el carácter de vía nacional, departamental y municipal. La Ley 70 de ese año, determinó que serían vías nacionales las que unieran a la capital con los ríos navegables y los puertos marítimos, las que abrieran áreas para futuras colonizaciones y las que el gobierno determinara por razones comerciales o militares.

En 1920 el Ministerio de Obras Públicas adoptó las siguientes especificaciones para las carreteras:

Vía	Pendiente máxima	Radio mínimo de curvas	Tangente mínima entre curvas
De primera	6%	30 mts	20 mts
De segunda	8%	20 mts	0
De tercera	10%	15 mts	0

En la década del veinte se incrementan considerablemente los ingresos del gobierno central y de los departamentos por concepto de impuestos aduaneros. Lo anterior, sumado a la indemnización por Panamá y el consiguiente aumento del cupo de endeudamiento externo, incrementó considerablemente la capacidad del gasto público. El economista Jesús Antonio Bejarano en el ensayo *El despegue cafetero* afirma:

> *"buena parte de la nueva capacidad se orientó hacia las obras públicas, en las cuales el gasto se aumentó de $6.3 millones en 1923 a $62 millones en 1928... aquellos gastos se destinaron básicamente a los ferrocarriles, que entre 1926 y 1929 absorbieron más del 60% del total de las inversiones públicas del país"* (21).

El proyecto más beneficiado fue el Ferrocarril del Pacífico con un presupuesto de 2.6 millones de dólares, que pretendía llegar a Armenia con el fin de sacar por Buenaventura la cosecha de la zona cafetera.

De acuerdo con la *Memoria de Obras Públicas* de 1922, para ese año existían 3.427 kilómetros de vías carreteables, la cuarta parte tenía "Macadams", la octava parte arena y grava y las dos terceras partes no tenían afirmado. Ninguna estaba asfaltada. Con el propósito de aumentar la extensión, en aquel año se redujeron otras especificaciones: el ancho de la plataforma se redujo de 20 a 6 metros; el ancho del afirmado de 9 a 4.50 metros; las pendientes máximas se aumentaron del 6 al 8% y si la vía era exclusiva para automóviles se incrementó hasta el 12%. El kilómetro de carretera construida en ancho de 7 metros costaba seis mil pesos y si era de 10 metros el valor ascendía a diez mil pesos por kilómetro. Se estimaba en aquel entonces que la proporción en el costo de kilómetro construido de carretera y ferrocarril era de 1 a 3.

En 1923 se calculaba que había cerca de 2.000 vehículos de pasajeros y 120 camiones de carga. En Bogotá existían 460 de pasajeros y 90 de carga. La población del país, de acuerdo con el censo de 1918 ascendía a 5.855.000 habitantes.

Una de las limitantes para el desarrollo del transporte por carretera seguía siendo la gasolina que debía importarse desde Estados Unidos y que en las épocas en que escaseaba, como en los veranos que inmovilizaban los vapores del Magdalena, subía hasta cincuenta pesos la caja de diez galones. En un principio la gasolina se expendía en boticas y farmacias.

La explotación comercial de petróleo en Colombia se inició en los campos de la concesión de Roberto de Mares el 25 de agosto de 1921. En febrero de 1922 se inaugura la refinería de Barrancabermeja con una capacidad de destilación de 1.500 barriles-día. La demanda interna pasó de 7 millones de barriles en 1921 a 91 millones en 1930[(22)].

Entre 1926 y 1930 se instala en Bogotá la firma Ullen la cual implantó por primera vez en nuestro medio los pavimentos "Warren" de concreto asfáltico preparado en planta y apisonado con máquina y no con pisón de mano. La primera vía pavimentada del país fue el trayecto de la Carretera Central del Norte comprendido entre las calles 26 y 72. Fueron 40.258 M^2 de 0.15 cms de espesor. El primer plan para pavimentar carreteras se formuló en 1934, pretendía cubrir 900 kilómetros y estaba financiado con impuesto sobre la gasolina.

Entre 1926 y 1930 se realizaron importantes obras que interconectaron regiones de singular importancia económica. En aquel cuatrienio se iniciaron o concluyeron carreteras como Ibagué-Armenia, Pasto-Popayán, Bogotá-Cambao, Villavicencio-Bogotá y Medellín-Turbo. Según Jesús Antonio Bejarano, además del crecimiento del parque automotor

Página opuesta:
Caricatura de Ricardo Rendón para aviso publicitario de los vehículos Chevrolet en 1927.

"Las consecuencias más relevantes de la expansión de vías de comunicación se refieren por supuesto a la interconexión de regiones aisladas, al

POR RENDON

COMO SE TRANSPORTABA EN BOGOTA HACE DIEZ AÑOS
K327

Peajes de la vía Bogotá - Cambao.
Archivo General de la Nación de Colombia.
Fondo Ministerio de Obras Públicas.
Tomo 99.

incremento de la carga transportada, la cual más que se duplicó entre 1923 y 1928, y a una cierta rebaja de los fletes" (23).

En 1926 se dio comienzo a un proyecto anhelado por los colombianos durante muchos años: la carretera Ibagué-Armenia, que reemplazó al durante siglos temido camino del Quindío y que permitía unir los valles del Cauca y el Magdalena y comunicar el occidente del país con la capital de la República. Los 103 Kilómetros de carretera afirmada fueron dados al servicio en 1928. En un buen trayecto, la vía conservó el trazado del antiguo camino del Quindío, pero al llegar al Páramo de Letras, se debió buscar un paso diferente para atravesar la Cordillera Central.

Esta carretera ha sido considerada como uno de los hitos de la ingeniería colombiana. Durante su diseño y construcción se discutía si un vehículo automotor podía superar pendientes del orden del 10%. Muchos recomendaban la construcción de un túnel para ferrocarril que atravesara la

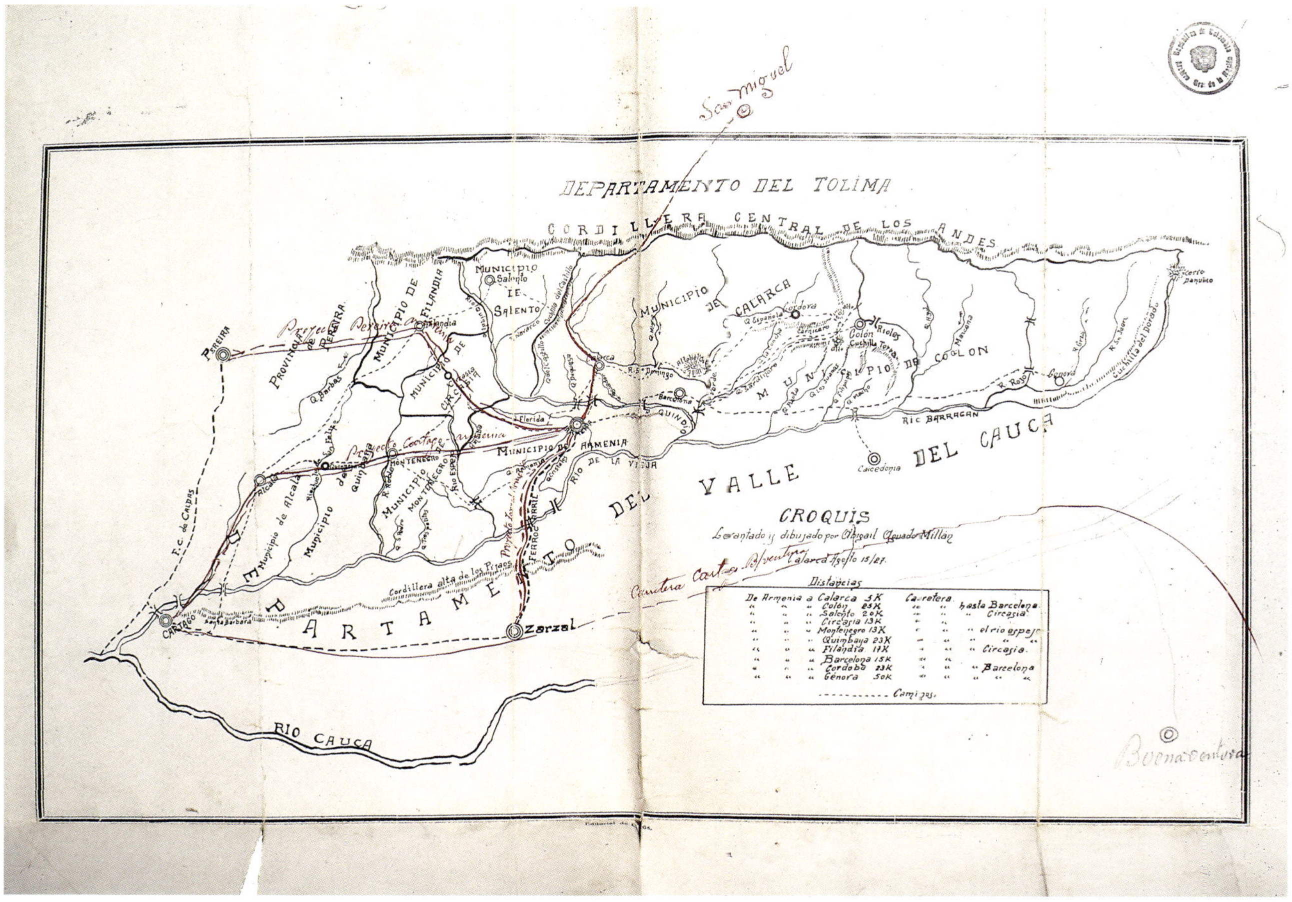

Cordillera Central. Sin embargo, el Consejo Nacional de Vías de Comunicación optó por la carretera aduciendo que en Europa se construían vehículos capaces de superar cuestas mayores.

El 6 de mayo de 1926 se iniciaron en Antioquia los trabajos de la Carretera al Mar, la cual pretendía unir a Medellín con el puerto de Turbo. Pese a la oposición del Ministro de Obras Públicas, quien consideraba que el país no podía sostener cuatro puertos sobre el Atlántico, el Presidente Abadía y el Ministro de Hacienda, Esteban Jaramillo aprobaron el empréstito norteamericano para realizar la obra. El primer tramo fue adjudicado a la firma R.W. Herbard & Co. Inc. de Nueva York.

En 1934, al arribar la carretera al pueblo de Cañasgordas, don Gonzalo Mejía, promotor de la obra, expresaba:

> *"Yo juré no volver aquí sino en automóvil. Y aquí estoy como estaré mañana en Urabá. Hemos ven-*

Mapa con el trazado de la vía Ibagué - Armenia.
Archivo General de la Nación de Colombia.
Fondo Ministerio de Obras Públicas.
Tomo 1479.

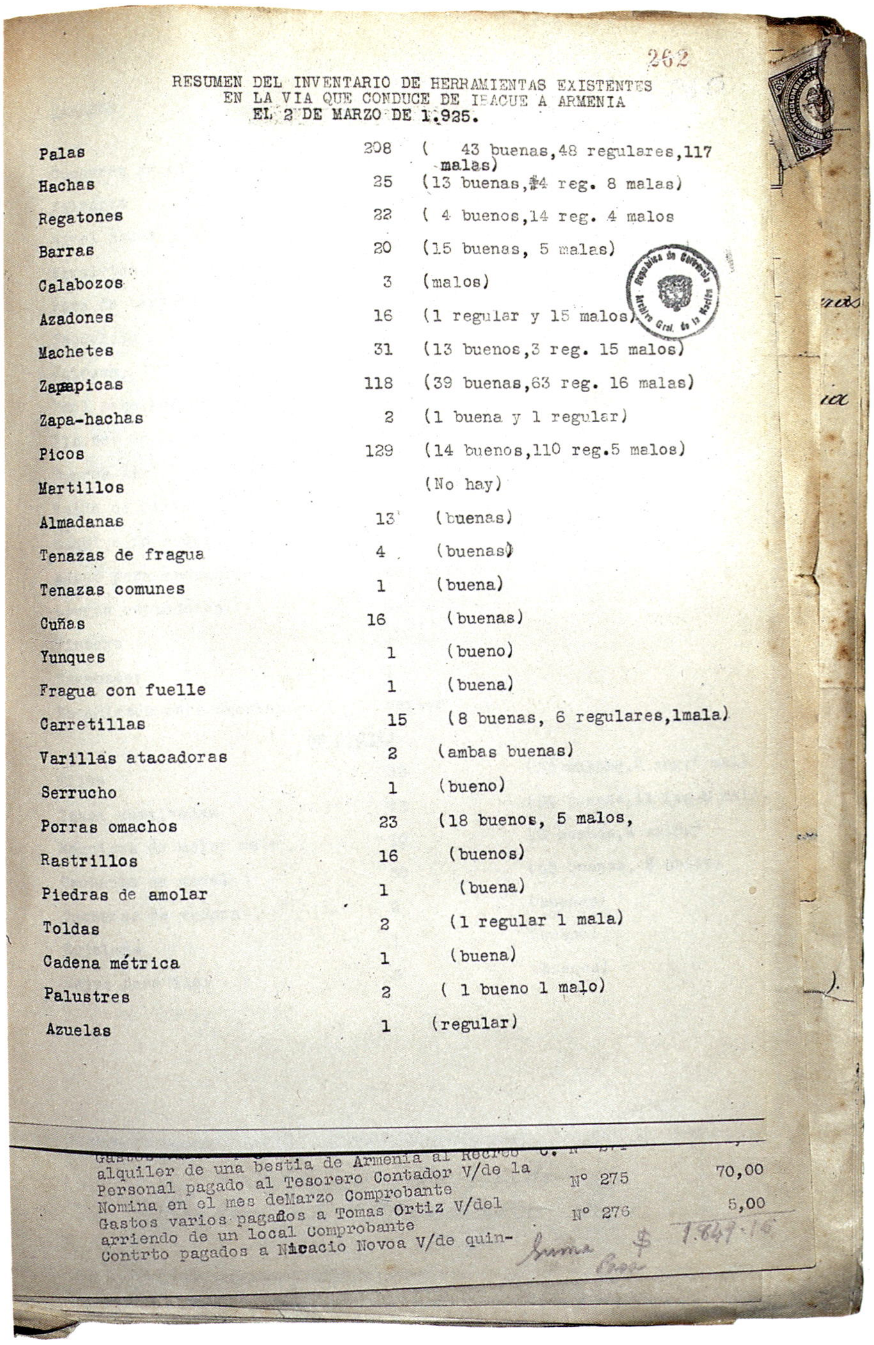

262

RESUMEN DEL INVENTARIO DE HERRAMIENTAS EXISTENTES
EN LA VIA QUE CONDUCE DE IBAGUE A ARMENIA
EL 2 DE MARZO DE 1.925.

Palas	208	(43 buenas,48 regulares,117 malas)
Hachas	25	(13 buenas,14 reg. 8 malas)
Regatones	22	(4 buenos,14 reg. 4 malos
Barras	20	(15 buenas, 5 malas)
Calabozos	3	(malos)
Azadones	16	(1 regular y 15 malos)
Machetes	31	(13 buenos,3 reg. 15 malos)
Zapapicas	118	(39 buenas,63 reg. 16 malas)
Zapa-hachas	2	(1 buena y 1 regular)
Picos	129	(14 buenos,110 reg.5 malos)
Martillos		(No hay)
Almadanas	13	(buenas)
Tenazas de fragua	4	(buenas)
Tenazas comunes	1	(buena)
Cuñas	16	(buenas)
Yunques	1	(bueno)
Fragua con fuelle	1	(buena)
Carretillas	15	(8 buenas, 6 regulares,1mala)
Varillas atacadoras	2	(ambas buenas)
Serrucho	1	(bueno)
Porras omachos	23	(18 buenos, 5 malos,
Rastrillos	16	(buenos)
Piedras de amolar	1	(buena)
Toldas	2	(1 regular 1 mala)
Cadena métrica	1	(buena)
Palustres	2	(1 bueno 1 malo)
Azuelas	1	(regular)

alquiler de una bestia de Armenia al Recreo
Personal pagado al Tesorero Contador V/de la — Nº 275 — 70,00
Nomina en el mes deMarzo Comprobante
Gastos varios pagados a Tomas Ortiz V/del — Nº 276 — 5,00
arriendo de un local Comprobante
Contrto pagados a Nicacio Novoa V/de quin-
Suma $ 1.849.16

cido dos cordilleras, pero algo más hemos hecho: le hemos torcido el cuello al escepticismo" [24].

La obra fue inaugurada el 27 de enero de 1955 por el General Gustavo Rojas Pinilla. Los 350 kilómetros tuvieron un costo de veintisiete millones de pesos.

Inventario de Herramientas para la construcción de la carretera Ibagué-Armenia.
Archivo General de la Nación de Colombia.
Fondo Ministerio de Obras Públicas.
Tomo 1478.

Hasta los años treinta las carreteras se abrían con explosivos y a pico y pala. Alberto Pardo Pardo, en su *Geografía*

económica y humana de Colombia trae la siguiente descripción sobre las condiciones de trabajo para construir las vías de comunicación:

> *"La jornada de trabajo era de 6 a 6 con una hora repartida en tres descansos, la semana terminaba el sábado a las tres de la tarde. Hacia 1923 la Asamblea de Antioquia ordenó el pago de descanso dominical, lo que causó gran revuelo. En el ferrocarril de Amagá se usaba como vehículo una carretilla pequeña de madera, de 1 y medio pies cúbicos que servia de unidad para los trabajos por tarea que se computaban en 300 carretillas en 11 horas o sea 16 M^3. Las carretillas metálicas de 3 pies cúbicos llegaron después de 1924. Por esa época, la Wiston Bros, casa constructora norteamericana, contrató la construcción del nuevo tramo del ferrocarril de Amagá e implantó unas condiciones diferentes de lo usado hasta entonces: implantó el Decauville para el movimiento de tierras y el pago por metro cúbico, aumentó el personal de 500 a 2.500 hombres: implantó el uso de explosivos en grandes cantidades, porque antes se empleaba muy en pequeño. Se usaba*

Primeros automóviles transitando por la carretera Medellín-Turbo.
Revista de la carretera al Mar. Medellín 1928.

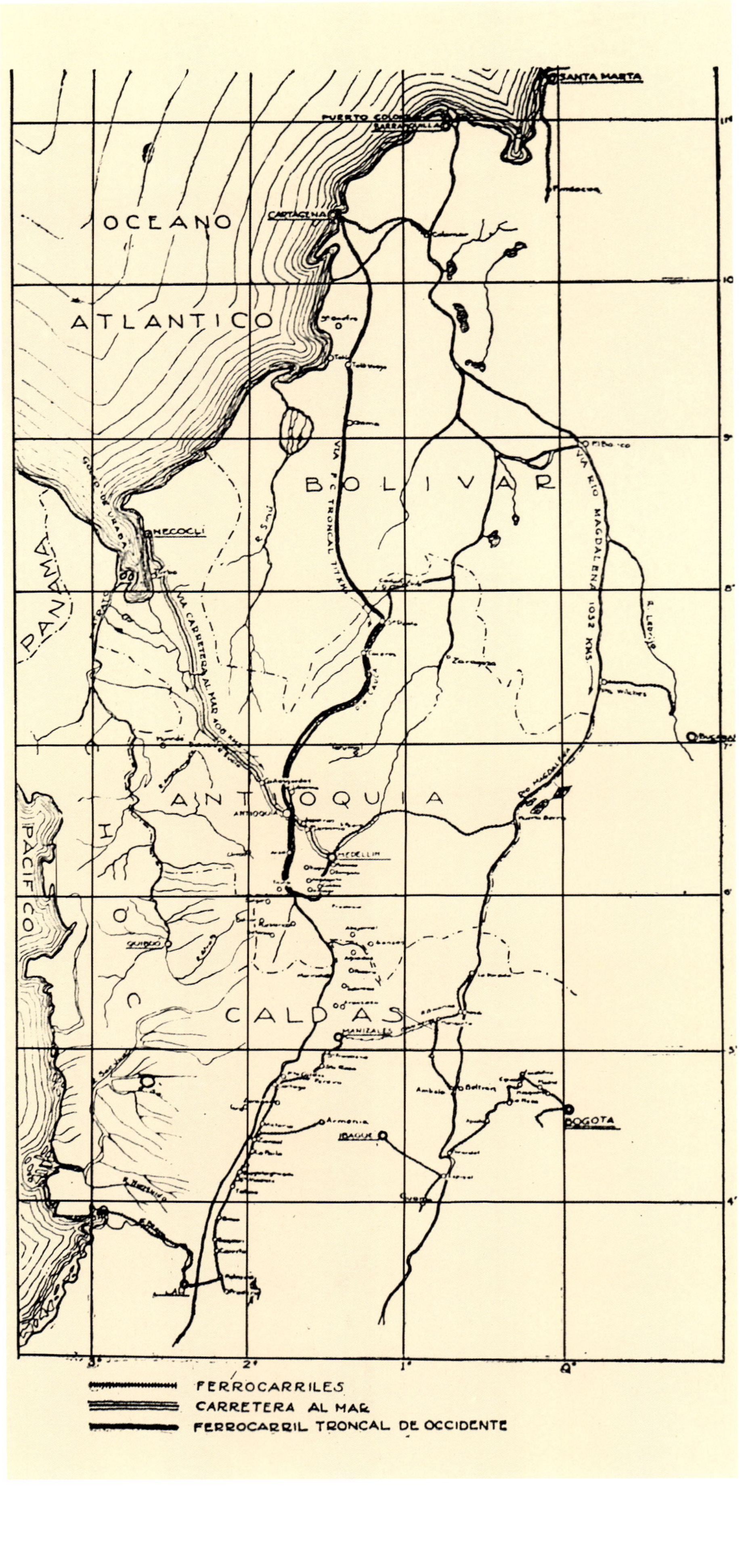

Mapa con trazado de la carretera al mar.
Revista de la carretera al Mar. Medellín 1928.

mucho la mampostería de piedras trabadas en seco y pegada con cal porque el cemento tenía un costo prohibitivo ($100 tonelada) porque era importado. Cuando el personal subió de 500 a 2.500 hombres el jornal subió de $0.40 a $0.80. La Wiston estableció como cosa nueva la proveeduria de víveres en crudo y el suministro de equipos domésticos, instaló campamentos para los trabajadores pues antes cada uno se construía su vivienda con elementos suministrados por la empresa. Se implantó el cadenero porta-instrumentos, antes el ingeniero llevaba el aparato. ...Se hacían entonces cortes de 24 metros de altura y 200 de largo, con talud 1:1 únicamente con herramientas de mano con un mínimo de pólvora. Las herramientas se templaban al fuego por cada uno. Había entonces un médico para toda la obra; el obrero compraba las drogas, solo se hospitalizaba en caso de accidentes en los hospitales de las poblaciones vecinas. El médico no intervenía en el examen de admisión que era hecho por los caporales. ...Estas condiciones eran las mismas en los ferrocarriles que en las carreteras en todo el país y las innovaciones que se introdujeron entonces se extendieron a todas las obras" [25].

Por los marconigramas que enviaban los ingenieros de carreteras y que se encuentran en el Fondo del Ministerio de Obras Públicas del Archivo General de la Nación, podemos aproximarnos a las dificultades que debían enfrentar las cuadrillas de obreros que durante meses y aún años, se internaban en las selvas a construir las carreteras. Enfermedades, accidentes terribles, dificultades en el suministro de material y provisiones y sobre todo, demora en el envío de los pagos, eran las quejas más frecuentes.

Para 1930 existían 5.743 kilómetros de carreteras, de los cuales 2.642 eran nacionales y 3.101 departamentales. Sin embargo, la red vial era bastante caótica y obedecía más a aspiraciones locales apoyadas por dirigentes políticos que a un verdadero programa técnico coherente con las necesidades del país. Para esa época se habían expedido por el Congreso 104 leyes que ordenaban la construcción de carreteras regionales y otorgaban subvenciones a los departamentos que contaban con tramos regionales.

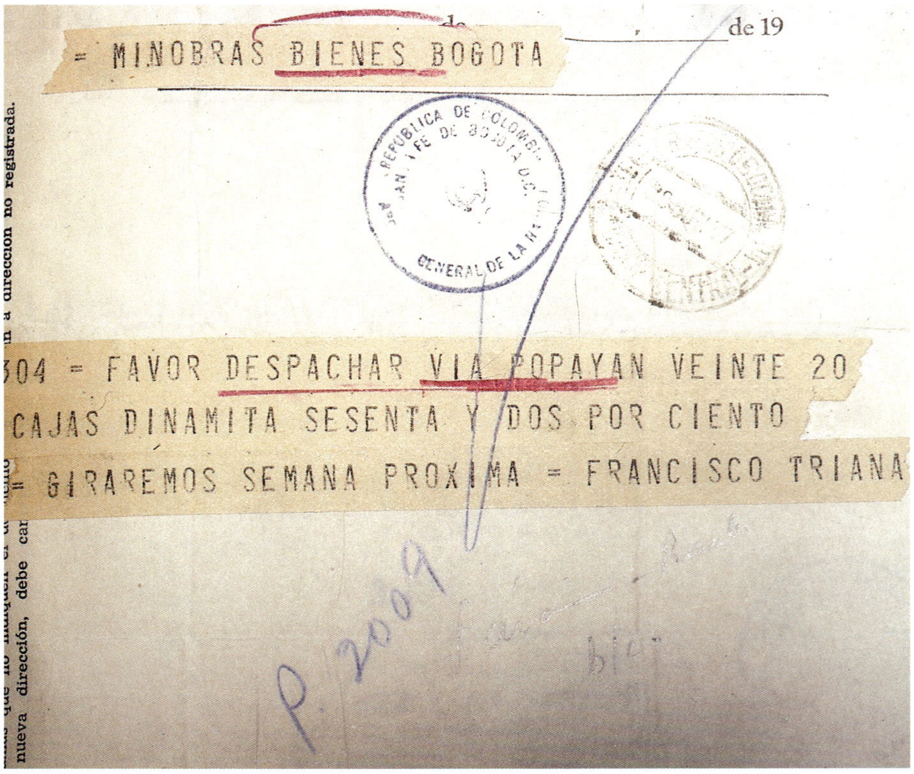
de 19

= MINOBRAS BIENES BOGOTA

304 = FAVOR DESPACHAR VIA POPAYAN VEINTE 20
CAJAS DINAMITA SESENTA Y DOS POR CIENTO
= GIRAREMOS SEMANA PROXIMA = FRANCISCO TRIANA

P. 2009

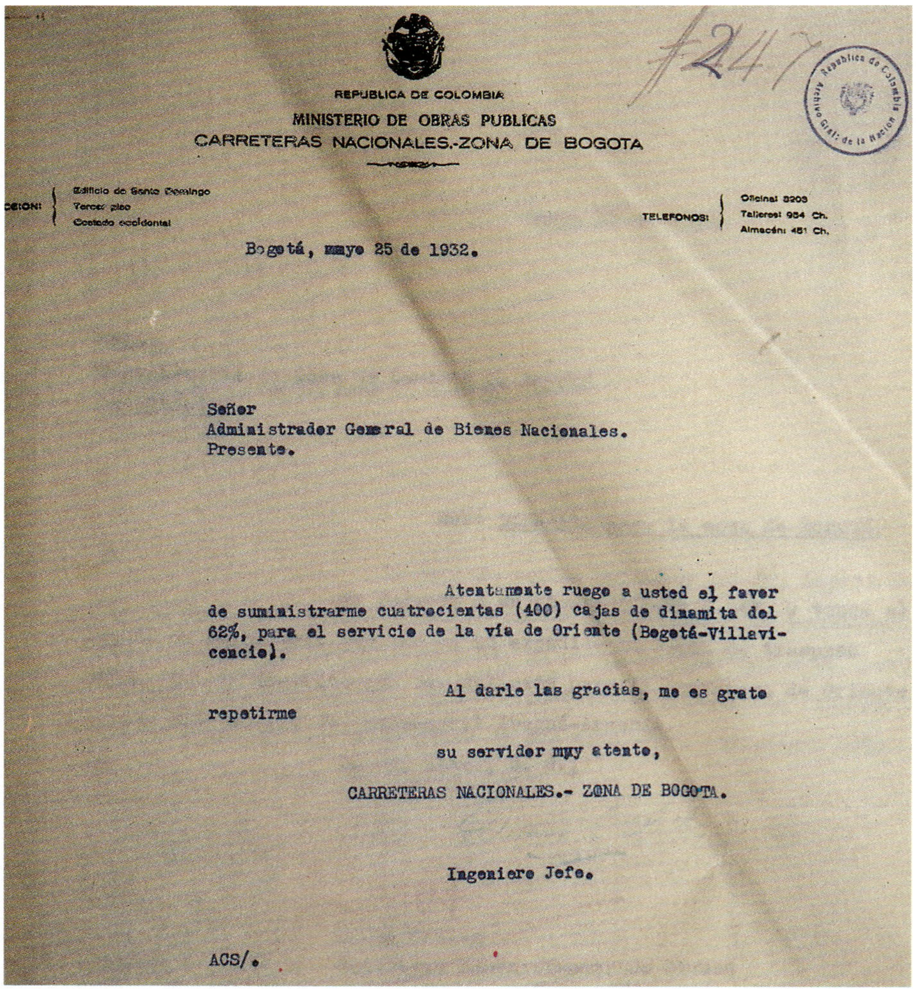
REPUBLICA DE COLOMBIA
MINISTERIO DE OBRAS PUBLICAS
CARRETERAS NACIONALES.-ZONA DE BOGOTA

Edificio de Santo Domingo
Tercer piso
Costado occidental

TELEFONOS: Oficina: 8203 / Talleres: 954 Ch. / Almacén: 451 Ch.

#247

Bogotá, mayo 25 de 1932.

Señor
Administrador General de Bienes Nacionales.
Presente.

Atentamente ruego a usted el favor de suministrarme cuatrocientas (400) cajas de dinamita del 62%, para el servicio de la vía de Oriente (Bogotá-Villavicencio).

Al darle las gracias, me es grato repetirme

su servidor muy atento,

CARRETERAS NACIONALES.- ZONA DE BOGOTA.

Ingeniero Jefe.

ACS/.

Marconigramas enviados al Ministerio de Obras Públicas solicitando materiales y herramientas.

Archivo General de la Nación de Colombia.
Fondo Ministerio de Obras Públicas.
Tomo 1160.

Para tratar de poner orden vial, en 1931, durante la administración de Enrique Olaya Herrera, el Ministro de Obras Públicas, ingeniero Germán Uribe Hoyos, promueve la expedición de la Ley 88 de 1931, que constituye el primer estatuto vial del país. Para evitar la dispersión, se crea el Consejo Nacional de Comunicaciones y se estructura el plan vial alrededor de tres grandes troncales:

Troncal Occidental: Partía de la frontera con Ecuador y recorría los departamentos de Nariño, Cauca, Valle, Caldas, Antioquía y Bolívar. Terminaba en Tolú.

Troncal del Centro: Partía de Caucayá en el Putumayo, atravesaba la Comisaría del Caquetá y los departamentos de Huila y Tolima hasta llegar a Girardot donde se aprovechaba la navegación por el Magdalena hasta la población del Banco desde donde partía la carretera a Riohacha.

Troncal Oriental: Partía de Girardot y atravesaba los departamentos de Cundinamarca, Boyacá, Santander, Norte de Santander y culminaba en la frontera con Venezuela.

Peaje de carga, vía Bogotá - Cambao.
Archivo General de la Nación de Colombia.
Fondo Ministerio de Obras Públicas.
Tomo 99.

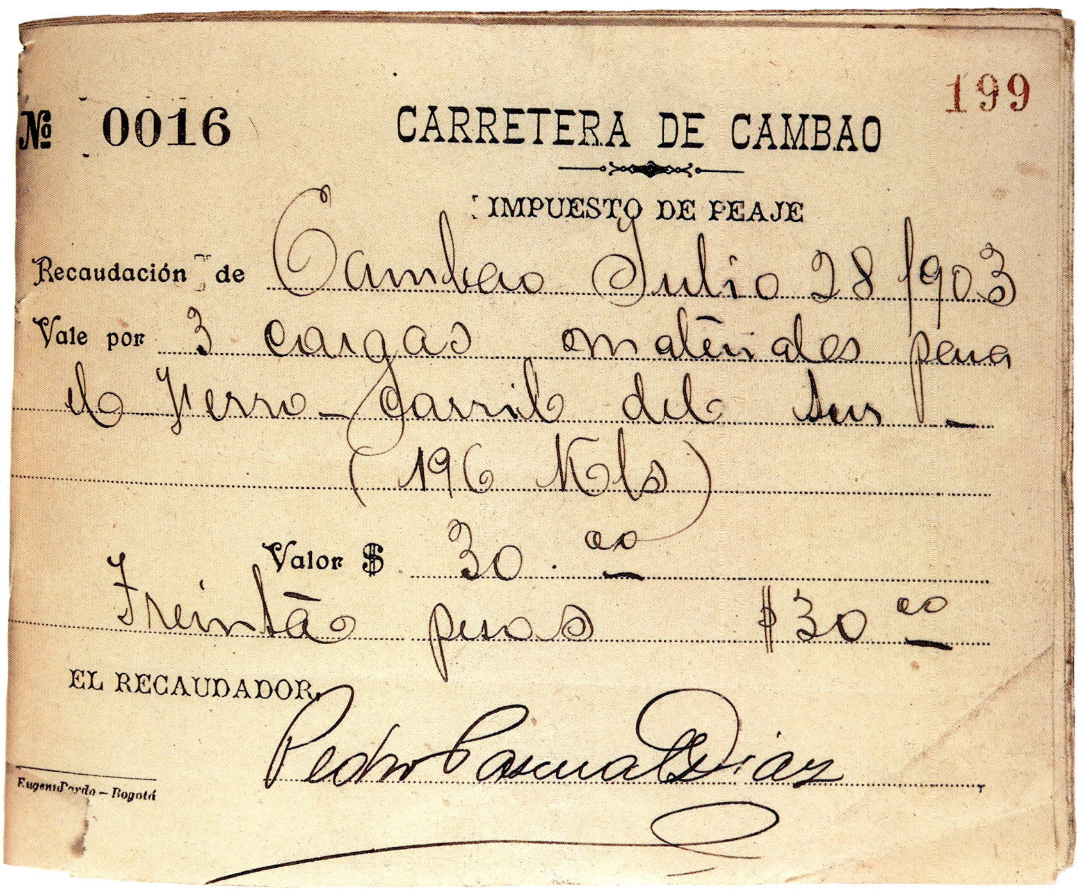
199

№ 0016 CARRETERA DE CAMBAO

IMPUESTO DE PEAJE

Recaudación de Cambao Julio 28 /903

Vale por 3 cargas materiales para de Ferro-Carril del Sur (196 Kls)

Valor $ 30.00

Treinta pesos $30.00

EL RECAUDADOR,

Eugenio Pardo – Bogotá

En el citado libro *Geografía económica y humana de Colombia,* Alberto Pardo Pardo trae la siguiente descripción sobre la construcción de las carreteras de entonces:

> *"La consigna que tenían los ingenieros era dar paso lo antes posible. Las carreteras se daban al servicio sin puentes; el paso de los ríos que lo permitían se hacia por lo que se llamaba 'bateas' que era una obra mínima en el cauce del río y dos taludes muy pendientes en las márgenes, paso que necesitaba gran habilidad en los conductores. Había también largos trayectos de una sola vía, por donde pasaban primero en un sentido y luego en el otro, controlados por retenes. Los trazados eran "a media ladera" siguiendo las estribaciones del terreno, sin hacer cortes altos ni terraplenes. Como la banca era angosta, se establecían sitios de cruce a distancias convenientes para ver de lejos los vehículos que venían en*

Página opuesta:
Cuadrilla de obreros y maquinaria para la construcción de la carretera al Zulia en 1920.
Libro Azul de Colombia.

Arriba:
Monumento a la primera aplanadora de Medellín.

sentido contrario... Las largas demoras de las carreteras de una sola vía no tenían importancia porque de todos modos se ganaban días sobre el sistema de la mula: De Cali a Pasto se gastaban de ocho a diez horas contra seis días" [26].

En *Nuestro lindo país colombiano*, libro que publica Daniel Samper Ortega en 1937, al hacer la descripción de cada uno de los departamentos que conforman el país, se incluye la cantidad de kilómetros de carreteras y el número de automóviles, camiones y autobuses que existen en cada región.

Este recuento nos permite tener una dimensión de los adelantos que había alcanzado el transporte terrestre[27].

Departamento	Kilómetros	Automóviles	Autobuses	Camiones
Nariño	587	395	63	280
Cauca	394	265	65	216
Huila	557	97	120	74
Tolima	482	393	227	316
Valle	1.161	1.778	418	937
Caldas	949	1.275	258	537
Antioquia	1.291	2.847	1.033	950
Bolívar	281	1.009	213	345
Atlántico	196	2.003	246	503
Magdalena	891	245	76	286
Norte de Santander	614	441	252	442
Santander	1.330	787	248	546
Boyacá	1.023	385	136	479
Cundinamarca	1.722	4.525	605	2.657
TOTALES	**11.478**	**16.415**	**3.960**	**8.568**

En el *Anuario* de 1936 se incluyen 7.354 carros de tracción animal, 270 motocicletas y 5.938 bicicletas. Según el Censo de 1938 Colombia tenía 8.592.091 habitantes.

De acuerdo con el mapa publicado en el *Anuario Estadístico* de 1936, se observa que la red nacional de carreteras está casi conformada. Estas intercomunican distintas zonas del país, ya no sólo es el ferrocarril. Las carreteras empiezan a ser el medio por el cual los colombianos se comunican entre sí.

Como afirma Fabio Zambrano, las vías de comunicación jugaron un papel determinante en el ordenamiento territorial del país. En el ensayo *"Desarrollo urbano en Colombia. Una perspectiva histórica"*, Zambrano opina que

> *"La construcción de los ferrocarriles siguió privilegiando determinadas zonas, y puede afirmarse que siguieron estructurando de manera importante el territorio hasta 1938, y tuvieron mucho que ver en la localización industrial, ordenamiento al que se sumaron las carreteras: allí donde se dio mayor competencia entre estos medios de transporte se generó una nueva tendencia a una primacía demográfica mayor. Esto es claro en Bogotá, de donde salían cuatro ferrocarriles y cuatro carreteras; de Medellín dos vías férreas y cuatro carreteras; en Barranquilla se unen el terminal marítimo, el puerto fluvial y el terminal del ferrocarril de Puerto Colombia; de Cali salían tres vías férreas y dos carreteras; una situación similar se presenta en municipios como Cartagena, Cúcuta, Bucaramanga, Manizales, Pereira, Armenia, Ibagué y Pasto. Además hubo una clara tendencia a que por aquellos municipios por donde pasaba la carretera se producía un proceso de vaciamiento demográfico..."* (28).

Para 1945, y de acuerdo con el *Anuario Estadístico de la Contraloría*, aumentan de manera considerable el número de kilómetros, de automóviles y camiones, más no así el de autobuses:

Kilómetros	Automóviles	Autobuses	Camiones
18.500	76.712	3.738	10.062

A partir de entonces las carreteras se convierten en el principal sistema de transporte en Colombia. Empiezan a atravesar el país y los ferrocarriles se estancan. Cuando se analizan los mapas viales publicados por el Ministerio de Obras Públicas en 1945 y 1946 se observa el esfuerzo por comunicar el país de Sur a Norte pero no de Oriente a Occidente. Las líneas siguen el curso de las cordilleras y de los ríos Cauca y Magdalena, sin embargo son muy pocos los trazados horizontales. Los pasos de la cordillera práctica-

Mapa vial de Colombia en 1945. Elaborado por Epifanio Montoya, Director General de Ferrocarriles y Carreteras Nacionales del Ministerio de Obras Públicas.

Mapoteca de la Biblioteca Luis Ángel Arango. <.10159

mente no existen, vastas regiones de la costa Atlántica permanecen por fuera del sistema y ¡qué decir de los Llanos y el Amazonas que simplemente quedan excluidos!. Es muy diciente que en un recuadro del mapa de 1945, sólo se resalta la región andina. La otra Colombia, la que representa dos terceras partes del territorio, queda excluida del sistema vial.

Mapa vial de Colombia en 1946. Elaborado por Epifanio Montoya
Mapoteca de la Biblioteca Luis Ángel Arango. <.10158

LOS VEHÍCULOS POPULARES

LOS VEHÍCULOS POPULARES

En la carretera se manifiesta el hombre colombiano. El color y el diseño que lleva adentro lo expresa en un camión o en una bicicleta. La concepción religiosa la plasma en altares y calvarios. Los productos de la huerta o del taller artesanal se exhiben a la orilla del camino. Los aromas de las más variadas cocinas atrapan al viajero. Hasta un lenguaje propio se ha ido formando en el trayecto. Es la cultura popular de los caminos.

Escaleras y chivas

Por las carreteras veredales de Colombia circulan distintos tipos de buses con carrocería de madera, conocidos con el genérico y popular apelativo de Chivas. Estos vehículos hacen parte de la historia del transporte en el siglo XX. Hasta hace unos años cubrían incluso rutas

Bus de escalera pintado sobre la tapa de un bus de Transportes San Vicente.
Plaza de mercado de Rio Negro. Antioquia.

urbanas. Hoy están relegados a los polvorientos caminos secundarios. Las autopistas y troncales son para los pullman, para los aerodinámicos buses importados.

En el país de selvas y desiertos, de mares y nevados, el habitante de cada región se adapta a las condiciones naturales de una manera diferente. No es lo mismo un medio de transporte para los candentes caminos de la Guajira que para los fríos páramos de Nariño y Boyacá. Es diferente también el transporte de la Colombia urbana, industrial y modernizada, al de aquellas regiones del oriente en donde apenas avanza el proceso de colonización. Es la diferencia entre Cartagena de Indias y Cartagena del Chairá.

Pintura de Alejandro Serna en bus de escalera de Transportes Andes.

En las vías de comunicación y en los medios de transporte se refleja esa Colombia múltiple y diversa. Unas son las vías rápidas que unen las ciudades y los centros de producción y otros los caminos de barro colorado que hieren la selva y la montaña. Unos son los aerodinámicos vehículos que cruzan las autopistas y otros los multicolores camiones que, cargados de campesinos, surgen de una nube de polvo del camino.

Los pullman vienen ensamblados desde la fábrica. Las empresas son "Rápidos" o "Expresos". El tiquete se compra en ventanilla, en una terminal de transporte o incluso se envía a domicilio. Tienen itinerarios fijos. El conductor luce uniforme con corbata y en algunos hay hasta azafata. Tienen baños, aire acondicionado, sillas reclinables, cortinas, vidrios polarizados. En vez del paisaje, los pasajeros observan en la televisión instalada en el bus alguna película norteamericana. El pullman, como el avión, constituye un mundo hermético.

En cambio, el chasis de la chiva o escalera por lo general proviene de buses o camiones que ya cumplieron su ciclo y que son reciclados por hábiles artesanos. En muchos casos el chasis proviene de antiguos buses a los cuales la autoridad del tránsito le suspendió la licencia por obsolescencia y adquieren nueva vida transformados en chivas. La empresa continúa llamándose "Flota". Los pasajeros se embarcan en la plaza de mercado o en el parque principal del pueblo. En vez de azafata tienen fogonero que cobra de acuerdo con las distancias. No tiene horarios sino recorridos. Es un mundo abierto: por sus costados entra el viento, el polvo y el paisaje. A los vidrios los sustituye una lona que se desenrolla en caso de lluvia. Las duras bancas se quitan y ponen de acuerdo con las necesidades de la carga. El conductor viaja integrado a los pasajeros y sintoniza un afónico radio según los ánimos del viaje.

En las chivas se expresa la idiosincracia de cada región, su sentido del color y la decoración. El pullman ha perdido la identidad local ante los símbolos de cada empresa. Priman las imágenes del mercado sobre las de la región. De pronto, surge uno que otro decorado y algún nombre que hace reminiscencia a la chiva. Pero no más. Su mundo es el de la velocidad y la eficiencia. La chiva y la escalera quedan para la vereda, para la Colombia profunda.

Escaleras

Escalera: En Antioquia y Caldas. Especie de bus destinado al transporte público entre las áreas rurales y la cabecera municipal, y entre ésta y la capital. El chasis está completamente destapado por los costados, y en la parte trasera tiene escaleras que dan al techo, donde normalmente va la carga o también viajan pasajeros.

Nuevo Diccionario de Americanismos.
Tomo I. Colombianismos
Instituto Caro y Cuervo.

Propaganda de los camiones
Federal Scout.
Revista de la carretera al Mar. 1929.

Evolución

En 1908, un grupo de empresarios de Medellín aportó la suma de cien dólares cada uno para importar de Estados Unidos el chasis de un bus pullman. El ingeniero Luciano Restrepo y el mecánico Roberto Tisnés lo armaron intuitivamente en la capital de Antioquia, mientras llegaba de Bogotá el chofer. El bus hacía el recorrido desde el centro de la ciudad hasta el barrio El Poblado. Luego de operar un tiempo se suspendió el servicio debido a los altos costos de la gasolina.

En 1913 don Ricardo Olano fundó la primera empresa de buses de servicio público, la cual también fracasó debido a

Camión de Lázaro Cardona.
Fotografía Benjamín de la Calle. Centro de Memoria Visual. Fundación Antioqueña de Estudios Sociales. Archivo FAES.

que el peso de los automotores destrozó la red de alcantarillado de la ciudad.

Por las fotografías que se conservan de la época y por los relatos de los cronistas, deducimos que los vehículos, al igual a lo que ocurre hoy en día, se importaban con el chasis desnudo y aquí se les armaba la carrocería en madera. En un artículo sobre la venta de camiones, publicado en 1927 en la *Revista de la Carretera al Mar*, se especifica que *"Los industriales requieren, en relación con la índole de sus productos, diferentes tipos de carrocerías comerciales. Ello ha traído aparejado otra industria en el país: la fabricación de carrocerías. Independientemente de los valores intrínsecos de los chasis, la construcción de las carrocerías juega un papel importantisimo en la venta de aquellos"* [1].

Camión de Moisés Correa.
Fotografía Benjamín de la Calle. Centro de Memoria Visual. Fundación Antioqueña de Estudios Sociales. Archivo FAES.

No sabemos si el modelo que adoptaron los carpinteros era copia de autobuses norteamericanos o si por el contrario hicieron una síntesis de las diligencias y los vagones del

ferrocarril. Los primeros modelos constaban de cuatro bancas, con apertura por ambos costados y techo de lona. Es posible que la primera decoración incorporada a los primitivos buses, hayan sido las propagandas que les colocaban en la parte posterior, a manera de valla publicitaria móvil.

En la década del cuarenta el chasis se alarga y soporta hasta seis bancas. A la parte trasera se le adiciona una tapa sostenida con cadenas que hacía las veces del maletero de las diligencias y el costado izquierdo se refuerza con varillas para evitar que la carga se salga en las curvas. En los costados aparecen, a manera de decoración, unas franjas que originalmente eran el distintivo de la empresa.

Para los años cincuenta, la estructura se hace más fuerte, el costado izquierdo se cubre hasta la mitad para tener mayor capacidad de carga y el techo empieza a ser utilizado con el fin de llevar carga y pasajeros adicionales. Para subir al capacete se requería de escaleras de mano que colocaba el

Tranvía y buses parqueados frente a la Plaza de Mercado de Medellín en 1831.
Foto de Francisco Mejía.
Archivo FAES.

Automóvil y bus de pasajeros en la vía Medellín-Jericó en 1945.
Fotografía Carlos Rodríguez, archivo FAES.

Buses de escalera, berlina y jeep frente a la Alcaldía Municipal de Remedios, Antioquia en 1959.
Fotografía Carlos Rodríguez, archivo FAES.

Camión de escalera estacionado en la plaza del municipio de la Estrella, Antioquia en 1952.
Fotografía Carlos Rodríguez, archivo FAES.

fogonero. A partir de entonces adquieren el nombre de "escalera". Adicional a la franja lateral, la tapa que sirve de maletero empieza a ser decorada con dibujos geométricos. Las bancas son removibles para permitir llevar carga cuando no hay pasajeros.

Parece que fueron las normas de tránsito las que dieron origen a la complicada decoración que lucen las escaleras en la actualidad. En efecto, el Código Nacional de Tránsito obligaba a las empresas de transporte a presentar ante las direcciones departamentales, un esquema con los emblemas y colores que usarían sus vehículos. De manera ingenua, atentando muchas veces contra toda norma de perspectiva, los gerentes presentaban ante el jefe de rutas el dibujo con los distintivos de sus empresas.

Una vez aprobados los distintivos, los camiones eran llevados ante los pintores que empezaron a hacer gala de su

imaginación. Aún hoy, el color de la pintura que sirve de fondo a la decoración, es el registrado por la empresa a la que está afiliado. A partir de allí, el pintor-decorador inicia el ritual del color. Los laterales se cubren de figuras geométricas y el maletero y las teleras interiores se pintan con paisajes o figuras alegóricas.

Parece que algunos integrantes de la familia Pavón, residente en Itagüí, fueron quienes iniciaron la decoración total de los camiones. De las franjas y rombos pasaron a la complicada geometría que conocemos hoy en día. En la tapa que servía de maletero y donde antes se colocaba la propaganda, empezaron a pintar distintos motivos alegóricos. Con posterioridad incorporaron pequeños paisajes en el interior (en las teleras) y en algunos casos en la parte delantera. La fuente de las letras se fue sofisticando y luego se pintaron por detrás los vidrios donde se anuncian las rutas del camión. En la actualidad tiende a suprimirse el maletero debido a los desajustes que sufre la estructura de la carrocería.

Dibujos presentados ante la Dirección de Tránsito de Antioquia para registrar los diseños y colores distintivos de las empresas de transporte en 1960.

TRANSPORTES GUAYABAL
CRISTO REY

TRATAM
TITIRIBI
AMAGA
MEDELLIN
FORD
D17609
ANTIOQUIA

Dibujos presentados ante la Dirección de Tránsito de Antioquia para registrar los diseños y colores distintivos de las empresas de transporte en 1960.

La escalera en la actualidad

El taller

Guardadas las debidas proporciones, un taller de carrocerías conserva la estructura de los antiguos gremios artesanales: División absoluta de trabajo, jerarquía en los oficios -del aprendiz al maestro- y pago por obra ejecutada y no por tiempo laborado. Todo bajo la supervisión del patrón, del propietario del taller. Es el responsable final del

Distintas partes de un camión escalera.

Partes de un bus escalera en construcción.

Secciones de forja, carpintería, soldadura y mecánica de carrocerías El Triunfo de José A. Zapata en Medellín.

EN MED
CARROCERIAS
JOSE.A.
PINTOR

LLIN
TRIUNFO
APATA
IGÜINO

trabajo, es quien contrata con el propietario del vehículo y luego asigna las labores según el oficio.

En medio del gran desorden, el taller tiene áreas definidas: forja, carpintería, mecánica y pintura.

A un lado está la forja. Sulfuroso olor a carbón mineral. Zumba el fuelle que atiza el fuego. Repica el martillo contra el yunque. Hombres tiznados doblegan el hierro al rojo vivo. De allí surgen herrajes, platinas, arandelas...

Más allá se encuentra la carpintería. Viruta y aserrín en el suelo. Huele a roble, a comino, a madera recién cepillada. Con el lápiz tras la oreja, el maestro coloca el nivel en los soportes. Sobre el chasis empieza a levantarse un esqueleto de madera.

Con la mitad del cuerpo metido en la trompa, el mecánico ajusta alguna pieza. Escondido tras una máscara, el soldador aplica el soplete al guardabarros. A un lado, un muchacho armado de una brocha lava con gasolina el carburador. Aceite y grasa por todas partes.

En la mitad del taller, a pleno sol, están los pintores. El ayudante de brocha pinta los colores de base. El maestro pone los tarros de pintura sobre el estribo. Un antiguo repuesto del distribuidor le sirve de portapinceles. Con una regla va trazando los diseños. El pulso no tiembla cuando la muñeca gira el compás.

Luego de tres o cuatro semanas de intenso trabajo colectivo, el camión está listo. El orgulloso propietario gira la llave y "chancletea" varias veces. El motor duda al principio pero pronto empareja. Reluciente sale del taller. En unas horas será la admiración en la plaza de algún pueblo. El propietario describe con orgullo las características de "la engallada". El fogonero pule los biseles con un sacudidor rojo que luego le servirá de turbante.

Página opuesta: "El Pingüino" decorando un camión en carrocerías El Triunfo.

Los pintores de escaleras

No tienen seudónimo sino apodo. Se llaman Tarzán, el Fakir o el Pingüino. No tienen estudio, ni oficina. Trabajan en un taller ajeno. Empezaron de ayudantes de brocha y a punto de práctica con el pincel y el compás se han convertido en maestros. Tienen una desbordada imaginación para construir figuras geométricas pero se inhiben ante lo figurativo,

para lo cual deben recurrir a láminas de muestra. Los honorarios dependen del tamaño del camión -un siete bancas, un ocho bancas, un nueve bancas es "una tertulia"- Guardan con celo su muestrario de paisajes. Por lo general las imágenes de santos o paisajes de los pueblos los lleva el propietario. Viven al día. Su galería es la carretera.

Terminada la carrocería, un ayudante fondea el camión y el pintor inicia la decoración.

Destacados pintores de escalera en Antioquia son:

Dario Blandón
Julio Florez
Arnulfo Villa
Alejandro Serna. (en Andes)
Tarzan (Jorge Betancur)
Darmo. Dario Moncada. (en Dabeiba)
Juan Echavarría
El pingüino
Mario Garcés
William Arroyave. (en Sonsón)
El Fakir. (en Dabeiba)
Fabio Kalonga. (en Jardín)
Albeiro Jímenez
Luis F. Flórez
Nano
Oscar Giraldo

Arnulfo Villa pintando un paisaje en la tapa posterior de un camión de escalera. La pintura se realiza con base en el modelo que el pintor coloca en la parte inferior y sobre la cual ha trazado la cuadrícula.

Arnulfo Villa trabajando en un camión de escalera en Quindío.

EN MEDELLIN
PINTOR PINGÜINO

EN MEDELLIN
TALLER IMPERIAL
OSCAR GIRALDO
TEL
5 72 65 43

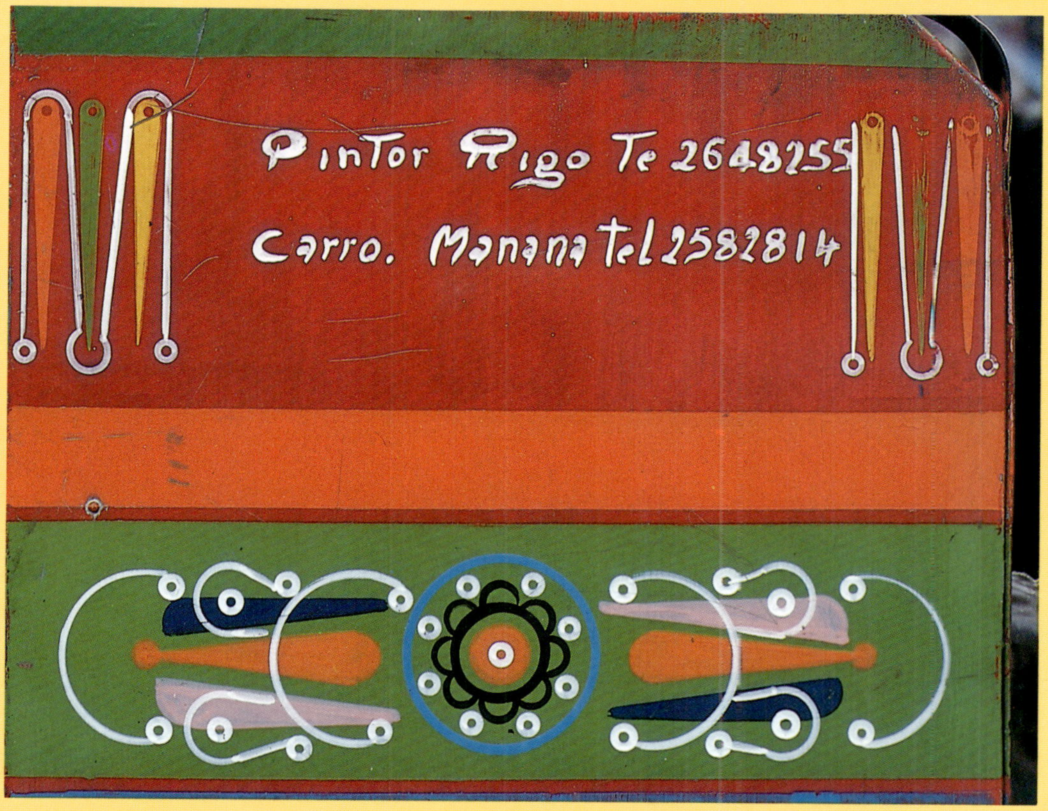

La firma del pintor es garantía de calidad.

PINTÓ
FABIO KALONGA
-JARDIN-

EN MEDELLIN
CARROCERIAS EL TRIUNFO
JOSE. A. ZAPATA
PINTOR PINGÜINO

La firma del pintor es garantía de calidad.

Los diseños

Cada camión es una pieza única. Se pueden diferenciar estilos, características personales del pintor, cada vehículo tiene su sello.

En primer lugar están los nombres con los cuales se bautiza el carro. Algunos obedecen al apodo del dueño que se prolonga al vehículo, otros por el color predominante de la carrocería, al nombre de una canción, de una película, o simplemente al capricho del propietario. Son comunes nom-

bres como: "El sinsonte", "El canario", "el picaflor", "El gorgojo", "El corcel negro", "Bizmarck", "El niño de las monjas', "El bacán", "El parcero", "Percal", "El cacique", "La gaviota", "El palomo", "El estudiante", "Mi fiel compañero", "Cosita buena", "El soberano", "El ruiseñor", "El clavel rojo", "El Karey".

Otro distintivo son las frases que se colocan en el testero o parte posterior. Algunas son refranes o "frases lapidarias" del repertorio popular: "Sin amor también se vive", "Todo

Pinturas decorativas en teleras interiores

Arriba: *Testero y costado de un camión decorado por Alejandro Serna.*
Abajo: *Paisaje pintado en el costado lateral de un camión.*

Tabique lateral y pa saje pintados por "El Pingüino".

hombre es mi hermano", "Cómo nos cambia la vida", "La cruz de mi destino", "t.b.c y t.d.g", "Subo como el dólar y bajo como el peso", "Viejito pero con ganas".

Luego están los colores característicos de la empresa a la cual está afiliado. Son los fondos que distinguen las rutas. En el costado derecho, en la parte superior se coloca el nombre de la empresa en rebuscada caligrafía. Más abajo van las franjas distintivas, profusamente decoradas con dibujos geométricos.

En el costado izquierdo, por donde se accede al camión, se conserva el mismo diseño fragmentado en cada entrada. En los camiones más decorados, cada tabique lleva entre siete y ocho franjas de diferentes colores.

Modelo a escala de un camión de escalera fabricado por Alejandro Serna en Andes Antioquia.

En la parte posterior o testero se encuentra "el paisaje" o cuadro distintivo del camión, enmarcado por la escalera de acceso al capacete y por la continuación del decorado lateral. Hasta hace unos años el paisaje cubría la totalidad del maletero. Al desaparecer éste, continuó la costumbre de pintar la superficie que antes ocupaba "la tapa".

Existen múltiples variables "del paisaje": Hay profusión de imágenes religiosas, geométricas y otras reproducen escenas extraídas de las láminas de "Gráficas Molinari" tan profundamente arraigadas en el imaginario popular colombiano: "yo vendí al fiado, yo vendí al contado", "el ángel de la guarda", "las etapas de la vida". Pero la gran mayoría representan paisajes ideales tomados del muestrario que celosamente guarda el pintor y del cual es el propietario quien escoge la imagen.

Cachucha, tabla de aviso y parte frontal de un camión de escalera de El Santuario, Antioquia.

El fogonero

Abandonó la escuela muy temprano pues prefería la libertad y la aventura diaria de la carretera a la disciplina del aula. Merodeando por los alrededores del paradero de buses se fue familiarizando con el oficio, con su lenguaje y rituales. En un rincón del café escuchaba los relatos de los veteranos conductores. Así fue conociendo la historia de cada vehículo, las dificultades de la ruta, las curvas donde se debe tener cuidado de espantos y aparecidos, las fechas en las que se agradece la protección de la Virgen del Carmen.

Un camión de escalera y una recua de mulas se cruzan en cercanías al municipio de Andes, Antioquia.

Empezó lavando carros, haciendo oficios menores de mecánica o mantenimiento y más tarde un conductor le permitió

acompañarlo en algún recorrido. A los 18 años ascendió a la categoría de "ayudante", "fogonero", "representante" ó "secretario". Del conductor aprendió los secretos del oficio, los caprichos del motor, los trucos de mecánica. A medida que adquiere confianza con el patrón este le deja mover el carro, parquearlo, realizar cortos viajes.

A todo pulmón el fogonero da instrucciones a su conductor. "Hele, hele, hele. Quiébrela toda, hele, hele, hele, quier, quier, quier. Téngalo ahiiii". El camión queda perfectamente parqueado en un estrecho espacio. Los pasajeros empiezan a ubicarse en las bancas. El fogonero sube al

Un camión de escalera decorado por Alejandro Serna en el peaje de la vía Amagá - Bolombolo.

capacete los talegos, las cajas de cartón, los racimos. Conoce perfectamente a su clientela a la que saluda por el nombre o el apodo. Tiene un piropo diferente para cada muchacha que sube al vehículo. A las señoras las llama "suegra" y a los jóvenes "cuñado". Sabe el paradero de cada uno. En el camino es indispensable: cambia las llantas, refresca el radiador cuando se recalienta el motor, paga los peajes y se desplaza con agilidad de banca en banca cobrando durante la ruta el pasaje diferencial, pues la tarifa cambia según las distancias, no los destinos finales.

Al terminar la jornada el fogonero debe cuadrar cuentas con el conductor y luego lavar el carro, dejarlo impecable para el próximo viaje, pues constituye una falta de cortesía que el pasajero encuentre el carro sucio. Finalmente, el fogonero recibe su jornal, del cual ahorrará un poco para sacar el pase y soñar que algún día conducirá su propio camión.

Buses de escalera parqueados en la terminal de Andes, Antioquia.

Los viajeros

"Las nueve de la mañana es la hora en que las mujeres gordas viajan en los buses. Aquello parece una alegre comisión de madrazas bíblicas. Entonces hay en los vehículos del servicio urbano algo como el olor y el sabor legítimos de la especie humana. Un olor que no es posible confundir y que tiene la misma pesadez matinal que se siente en una habitación donde han dormido dos personas. Creo que es el olor, más que la clientela definida e invariable de los buses de las nueve de la mañana, lo que a esa hora los convierte en una cosa alegremente familiar y proporciona la impresión de que cada pasajero está conversando con todos los demás de un patio a otro por encima de la cerca..."

El bus de las nueve.
Gabriel García Márquez.

Buses de escalera esperando pasajeros y carga en la terminal de Andes, Antioquia.

Chivas

Chiva: Costa Atlántica, Valle, Cauca, Nariño, Putumayo, Caquetá y Huila. Bus Municipal de carrocería en madera. Proviene el nombre del sonido del antiguo claxon que los campesinos asimilaban al balido de la chiva. (Fuente: Benjamin Puche Villadiego. Barranquilla).

Chiva montada en una chiva en Guacarí, Valle del Cauca.

La chiva del suroccidente

"... siempre
de noche, en las brumosas cuchillas de los páramos,
se saludan los buses, y el viajero contempla
desde el vertiginoso corredor de la fonda,
alborear la llanura inclinada..."

Una carta para Frederique Marmier.
William Ospina.

Chiva cargada de pasajeros partiendo de Popayán

Chivas y escaleras pertenecen a la misma familia de buses con carrocería de madera. Sin embargo, presentan algunas diferencias en su estructura y decoración. Las chivas del suroccidente se pueden clasificar en tres grupos: Las de Risaralda y norte del Valle; las del sur del Valle, Cauca y Nariño, y las de Tolima, Huila y Caquetá.

La carrocería de la chiva caucana es más redonda que la escalera. En efecto, tanto la parte delantera como la posterior, rematan en suaves curvas mientras la escalera se corta en ángulo recto. La chiva no tiene maletero y la decoración posterior cubre toda la superficie. Remata en un estribo que sobresale unos cincuenta centímetros, y le permite llevar carga o pasajeros adicionales. En este estribo se sostienen dos escaleras metálicas laterales que facilitan el acceso

Chiva lista para partir en Popayan.

al techo. Sobre los vidrios traseros se colocan varillas que los protegen de la carga que se lleva al capacete. El estribo inferior es continuo, cubriendo la mitad de las ruedas traseras cosa que no ocurre en la escalera. Como no tiene porta-aviso, el letrero sobre los destinos es pintado directamente sobre la estructura. En el Cauca y Nariño el capacete lleva en el centro un travesaño que permite colocar la lona en forma de tienda de campaña para proteger mejor la carga del polvo y de la lluvia que frecuenta los alrededores del Galeras y el Puracé.

En cuanto a la decoración, en las chivas se aprecia más la curva, el arabesco y el entorchado que los ángulos. Hay una intención vegetal por ejemplo en la abstracción de las orquídeas que decoran los laterales. Los bordes son pintados en forma difuminada, de manera que el contraste es

Descargando una Chiva en inmediaciones del mercado de Popayán.

Distintos tipos de chivas en el suroccidente colombiano.

mucho más suave que en las escaleras. El principal taller de chivas del suroccidente es "El caballo negro" de Popayán.

La chiva del norte del Valle y Risaralda tiene la estructura redonda de la caucana. Su decoración es tímidamente geométrica, semejante a la pintura de las escaleras de los años cincuenta. Es frecuente encontrar vehículos con la carrocería muy corta, con capacidad para cuatro o cinco bancas, aptos para hacer recorridos por las difíciles carreteras de la cordillera occidental.

Las del Huila y Tolima conservan sólo las líneas distintivas de la empresa. En la actualidad empieza a decorarse la parte posterior con figuras geométricas. A "empayasarlas", como gráficamente describen los conductores de la zona. En el Caquetá la carrocería es larga, con capacidad hasta de nueve bancas, y útil para hacer los largos recorridos que separan a una población de otra. Es también frecuente encontrar los llamados "mixtos", vehículos de carga y pasajeros de gran utilidad en las zonas de colonización.

Página opuesta y abajo:
Chivas del Norte del Valle y Risaralda.

La chiva costeña

La chiva costeña es más simple en la decoración, priman colores como el amarillo, el verde y el rojo. Su estructura es menos elaborada y debido a la cercanía del mar se deteriora en muy poco tiempo. Los nombres y leyendas que exhiben son una verdadera muestra de ingenio popular: "A este varón, las damas le hacen fila para montarse", "Aracataca, capital mundial de la literatura". En la actualidad la chiva costeña está en vías de extinción pues ha sido reemplazada por los modernos y cómodos buses de carrocería metálica. Al mejorar las vías de comunicación, se modernizan los medios de transporte. Las chivas cada vez son relegadas a cubrir rutas de lejanos caseríos del Sinú ó de la alta Guajira.

Chiva costeña en cercanías a Ciénaga, Magdalena.

Berlinas

En Boyacá y Santander existieron hasta hace muy poco las llamadas "Berlinas", buses de estructura de madera, pequeños, compactos y que conservaban la forma redonda de los antiguos coches de caballos originarios de Berlín, de donde adquirieron su nombre. Debido al clima en donde operaban, eran cerradas por ambos lados y tenían ventanillas de vidrio. La decoración era acorde con los colores de cada empresa. (Berlinas del Fonce).

Berlina sobreviviente en Villa de Leyva, Boyacá.

Mixtos

Son curiosos vehículos que cumplen la doble función de carga y pasajeros. Por lo general la carrocería se asemeja a la chiva aunque existen algunos buses mutilados a los que se les adaptó carrocería de camión en la parte trasera. Hacen recorridos a regiones de colonización o a veredas muy lejanas de la Guajira ó el Caquetá.

Mixto de carga y pasajeros en Villa de Leyva, Boyacá.

Las chivas y escaleras en el imaginario colectivo

Mientras el bus desplaza a la chiva en los caminos, el imaginario colectivo la adopta como símbolo de Colombia. La chiva ha salido de las carreteras y ha entrado a ocupar otros espacios ajenos a su función primigenia: Desde los serios estudios de diseño de Dicken Castro, hasta el lustrabotas que decide decorar su caja como una chiva.

Según Camilo Calderón, tal vez la más representativa de estas apropiaciones populares, son las chivas de Pitalito, que encuentran en la ceramista Cecilia Vargas Muñoz a su promotora y máxima representante.

Bus de escalera, con escalera posterior en Guarne, Antioquia.

"Cada pieza es diferente. El vestido de los personajes cambia según la moda, y los utensilios varían según la cultura local; los productos son los que en el momento se están sacando al mercado. Las chivas reflejan un mundo amable y pintoresco. Es lo que su autora se ha propuesto transmitir. "La chiva, dice, *siempre rueda alegre; es importante que se vea el optimismo"* (2).

"En chiva viaja la familia campesina cargada de frutas, quesos, verduras y animales para vender el día de mercado. En chiva celebran los novios y su corte de invitados el día de la boda. En chiva pasean en procesión la Virgen y el santo en la fiesta patronal. En chiva viajan el muerto y los dolientes el día de su despedida. En chiva van la

Mural alegórico de la paz en Guateque, Boyacá.

familia y los amigos a los paseos de fin de semana al río. En chiva desfilan la reina y los músicos durante el carnaval... El valor de las chivas de Cecilia Vargas trasciende su pura belleza artesanal. No son simplemente objetos folclóricos, sino verdaderos documentos que reflejan la realidad de un país con humor, poesía, respeto y veracidad..." (3).

Las chivas de Pitalito han trascendido las fronteras patrias y se venden en las islas del Caribe como artesanías autóctonas de la región. Es posible que en un principio, la decoración de las chivas costeñas hubiera tenido alguna influencia caribe y que esa influencia se haya proyectado al interior de Colombia. Ahora, convertidas en artesanías, regresan a su remoto origen. Resulta curioso observar a los turistas que

Terminal de transportes en Andes, Antioquia. Nótese que las barandas del puente peatonal son decoradas con motivos relacionados con las escaleras.

CIUDAD
BOLIVAR
KALONGA

KALONGA

JARDIN
JARDIN

Espaldar de taburetes de cuero decorados por Fabio Calonga en Jardín, Antioquia.

Mesa de café pintada con un paisaje del parque y el templo. Jardín, Antioquia.

viajan en los cruceros, comprar "auténticos" recuerdos elaborados a cientos de kilómetros de las Antillas.

Arriba:
Chiva de Arroz Diana del Tolima, ganadora del primer premio del concurso de chivas en el Huila y segundo premio en el Tolima.

Abajo:
Chiva y yipao para pasear niños en el parque de Salento, Quindío.

Los pintores primitivistas, como la familia Fontalvo Barandica representan las chivas de múltiples maneras. En los parques los niños recorren las aceras en pequeños modelos de madera; los estudiantes la dibujan en murales alegóricos a la paz; los restaurantes decoran sus instalaciones con viejas tapas de escalera. En la población de Jardín, Fabio Kalonga pinta escaleras en el espaldar de los taburetes de

baqueta y en las superficie de las mesas de café. Hasta un ferry disfrazado de chiva recorrío el río Tajo durante la Exposición Universal de Lisboa de 1998.

Existe una manera degradante en la apropiación de la chiva: En fiestas y excursiones, los grupos se sienten "pueblo", se creen con licencia para adoptar las más impropias conductas como si lo popular implicara solo embriaguez y desenfreno. Para viajar de verdad, para trasladarse a otros lugares prefieren el pullman o el avión.

Arriba:
Chiva y yipao en cerámica de pitalito, Huila.

Abajo:
Alejandro Serna con uno de sus modelos en Andes, Antioquia.

El Yipao

Otro de los vehículos de transporte popular en Colombia es el denominado "Yipao". Se calcula que en el solo eje cafetero se encuentran cerca de 5.000 en plena actividad. Como ocurre con frecuencia en el habla popular, la marca de un producto se convierte en el nombre genérico para todos los de la misma especie. Eso sucedió con un vehículo de la firma Willys, el Jeep, que con el correr de los años se convirtió en el apelativo de todos los vehículos tipo campero. La pronunciación de la gente paisa lo transformó en "yip" y de allí surgió la palabra "yipao" que denomina un jepp colmado de carga o pasajeros.

Monumento al yipao en el Parque del Café, Montenegro, Quindío.

Los orígenes

En vísperas de la Segunda Guerra Mundial, el ejército de los Estados Unidos sintió la necesidad de incorporar a su dotación un vehículo ligero que reemplazara la vieja motocicleta con triciclo, en las funciones de estafeta y avanzada de reconocimiento y que sirviera incluso para transportar una ametralladora. Un vehículo de propósito general, ("General Purpose" en la jerga militar norteamericana).

En julio de 1940, la intendencia del ejército envió un pliego de especificaciones del vehículo deseado a 135 fabricantes. Esta convocatoria dio origen a la confusa historia del Jeep.

Dentro de las empresas que enviaron propuestas se encontraba Bantam, pequeña factoría radicada en Butler, Pennsilvania, la cual presentó un diseño elaborado por su ingeniero jefe Karl Prost. El prototipo fue exhibido en el campo de Holabird, cerca a Baltimore en septiembre de 1940. Era un vehículo tan rígido que lanzaba fuera a los ocupantes cuando daba una vuelta.

Dentro de los asistentes a la exhibición se encontraba Gene Rice, diseñador de la Willys-Overland, quien tomó atenta nota de las especificaciones del prototipo de la Bantam y de regreso a la planta creó un vehículo muy parecido al diseñado por Prost, al que adaptó un motor "Go-Devil" de reconocida eficacia en la Willys. Su modelo pesó sólo 7 onzas menos que las especificaciones requeridas por el ejército.

Este fue el modelo básico del que se produjeron 4.500 unidades en 1941. Un mes más tarde y con ligeras modificaciones, la Willys ganó la licitación para producir otros 16.00 vehículos. En noviembre de ese año, y debido a que la empresa no tenía capacidad para producir un número mayor, el ejército pidió a la Ford que construyera otros 15.000 con los diseños de la Willys-Overland. En total, durante la Segunda Guerra Mundial se fabricaron cerca de 600.000 unidades. El Jeep se convirtió en leyenda.

Terminada la guerra, la Willys produjo el modelo civil CJ-2 que llegó a ser el transporte ideal para caminos difíciles.

Desde entonces el Jeep es el vehículo óptimo para la empinada geografía de Colombia, al punto que el nombre de marca se convierte en el genérico para denominar a todos los camperos. Y aunque vehículos japoneses y rusos se han adaptado a ciertas regiones, sus marcas cederían ante el apelativo del jeep.

Si el origen del vehículo es confuso, el del nombre no lo es menos. Según algunos, proviene de la pronunciación lenta en inglés de las letras "G" y "P" (iniciales de General Purpose). Otros atribuyen el nombre a Eizie Segar, autor de Popeye, quien en 1936 presentó en la tira cómica a Eugene the jepp, "un maravilloso animal que podía hacer casi cualquier cosa".

Yipao cargado de cajas en Calarcá, Quindío.

Arrieros del siglo XX

Domingo en la plaza de mercado de cualquier pueblo de la zona cafetera. Del café "El Puerto" se escapa el grave lamento de Julio Jaramillo *"Sólo, a orillas del Danubio, cuando en las noches claras escucho tu violín..."* La música se confunde con el dulce aroma de pan caliente que surge de la panadería "La Mejor". Pasa el vendedor anunciando las maravillas de la *"super forcha"*. Los campesinos de limpia ropa dominguera completan el mercado semanal en el "Almacén la Amistad", en la "Droguería Blanquita" y en la "Cigarrería Gales".

Yipao en un funeral en Circacia, Quindio.

MODISTERIA
SE HACEN OJALES
WILLYS
WNJ 355
ARMENIA
103
WILLYS
WRJ 358
CALARCA

Jeeps esperando pasajeros frente al mercado de Calarcá, Quindio.

Milimétricamente alineados en las aceras de la galería, esperan los Jeeps. Han estado activos desde la madrugada cuando llegaron cargados de bultos de café o de racimos de plátano. Ahora aguardan que el campesino haga el mercado para regresarlo a su vereda. Al frente llevan un pequeño letrero que anuncia la vereda de destino: Picoera, Membrillal, Alto del Calabazo, Pueblo Tapao, La India.

Después de mediodía el vehículo se empieza a llenar. Encima de la lona que cubre el puesto del conductor se acumulan los costales, las cajas de cartón, las ollas recién compradas. En la trompa se amarran las cajas que contienen los huevos para la semana. Atrás se van ubicando los pasajeros, de pie, con parte de la humanidad sobresaliendo de la carpa. Los reglamentos de tránsito dicen que el cupo máximo es de diez pasajeros. En la ruta el número se duplica.

Para el observador desprevenido la única diferencia que se capta entre los Jeeps es el color. Para los experimentados ojos de los "yiperos" cada modelo tiene sus características. Un "45" difiere sustancialmente de un "53". A los modelos

Jeeps cargando pasajeros en Chinchiná, Caldas.

de la década de los cuarenta se les denomina genéricamente como los "tapa bajita", pero a partir de 1953, cuando al jeep se le cambió el motor "Go-devil" por el "Hurricane" de mayor tamaño, se les llama "tapa alta". Los modelos posteriores a 1955, con guardabarros delanteros más anchos, son apodados "oreja de perro".

Los conductores dicen que todavía existen modelos 42. Con certeza sabemos que circulan modelos 45. Que un vehículo construido hace más de cincuenta años, transporte veinte bultos de café por un camino enfangado, constituye una proeza. Ello se debe a la calidad del vehículo pero también a la destreza e imaginación de los mecánicos criollos que han logrado conocer hasta el mínimo secreto de la mecánica del jeep. A pesar de que hace décadas fue descontinuada la producción de la fabrica americana, los empíricos mecánicos logran hacer las más increíbles adaptaciones para mantenerlos en perfecto funcionamiento.

Según cuenta Gilberto Montalvo Jiménez en un artículo publicado en *El Espectador*, los primeros Jeeps fueron

Yipao cargando plátano en carreteras del Quindio.

Yipao.
Colección Archivo fotográfico de la Federación Nacional de Cafeteros de Colombia.
Fotografía de Félix Tisnés

llevados al Quindío por Joaquín Londoño Botero y Aurelio Jaramillo. Inicialmente, servían para hacer el transbordo de las mercancías que venían en tren de Buenaventura, hasta los camiones "Saurer" que llevaban la carga hasta Ibagué donde retomaban el tren hasta Bogotá.

Si en el siglo pasado la mula fue determinante en la cultura cafetera, hoy lo es el "yipao", nombre con el que cariñosamente se le denomina en el Quindío. La economía de gran parte de la región andina viaja en su pequeño volco. El yipao sustituye a la mula, al bus, al camión y a la ambulancia. Es económico, fuerte y útil. Tiene el mínimo de "gallos" pues toda su estructura es utilitaria.

El "yipero" es un personaje clave en la comunidad. Casi nadie sabe su nombre de pila pues todos tienen apodo: "Granadillo", "Gatillo", "Yuca", "Semáforo", "Dabimba", "Harton", "La Momia", "el Abejorro". El "Yipero" cumple las funciones del antiguo arriero: lleva y trae razones entre los vecinos, hace vueltas en el pueblo, acolita amores furtivos. Conoce perfectamente los caprichos de su "yip". Sabe cuando no puede cargar más, no por falta de fuerza sino de físico espacio.

Jeeps cargando pasajeros en Chinchiná, Caldas.

De acuerdo con la economía de la región, el yipao cumple tres funciones básicas: agrícola, de pasajeros y de trasteo o "coroteo". Y así, según las tres categorías, desfilan en los festejos públicos. A partir del año de 1988, se institucionalizó en la capital del Quindío el desfile que premia al mejor yipao en cada una de las categorías mencionadas. También, y como eventos adicionales dentro del desfile, se hacen concursos al mejor pique, a la cuyabra más grande y a la mejor carga de café. En la actualidad, el desfile de yipaos constituye un evento importante en las fiestas populares de casi todas las poblaciones del eje cafetero.

El yeep agrícola cumple distintas funciones según la época del año: si es para el café y no es época de cosecha, transporta abonos e insumos; en cosecha lleva y trae cogedores y bastimento; luego de la cosecha, orgulloso, se cubre de bultos de café recién beneficiado. ¡Qué cara de satisfacción con la que llega el cafetero a la agencia de compras!.

En otras épocas llega cargado de carbón para alimentar las secadoras, de naranjas amarillas o de yuca recién arrancada y las más de las veces, literalmente cubierto de verdes

Yipao tanqueando gasolina entre Dosquebradas y Santa Rosa, Risaralda.

Arriba: *Jeep descargando café en Chinchiná, Caldas.*
Abajo: *Yipao recogiendo campesinos en el Norte del Valle.*

Arriba: *Jeep tapabaja modelo 1951, Calarcá, Quindío.*
Abajo: *Jeeps esperando pasajeros, Calarcá, Quindío.*

racimos de plátano. Cuando no cabe un racimo más, se le amarra al parachoques delantero. (Curiosamente a este racimo se le conoce como "la yegua")

En los fines de semana transporta racimos humanos. Allí viaja la familia entera para la primera comunión o el matrimonio, el equipo de fútbol, (incluye suplentes y entrenadores), el grado undécimo que va para Cocora en excursión del Liceo, los amigos que acompañan al difunto al cementerio libre de Circacia. (Como signo de luto, el yipero ha colocado un discreto moño de cinta morada en la antena o el radiador)

De pronto, de una curva del camino surge una "casa caminando": es un trasteo campesino. Un jeep está "corotiando". Allí van colchones de rayas amarrados con cabuya, ollas tiznadas, baúles de lata de tarro de galleta, taburetes de baqueta, un cuadro bendecido del Divino Niño, macetas de

Jeep modelo 1945, Calarcá, Quindío.

guadua con geranios y begonias, un guacal del que salen cabezas aterrorizadas de gallinas y un perro criollo que ladra incesante.

En las fiestas populares, las tradicionales carreras de caballos fueron reemplazadas por los "piques" de yipao, competencia que consiste en recorrer la mayor distancia posible en las dos ruedas traseras de un jeep cargado con veinticinco bultos de café, o un trasteo completo de cien racimos de plátano (más de mil doscientos kilos). Un conductor campeón de piques goza del prestigio de cualquier ídolo deportivo.

El yipao se convirtió en el símbolo del Quindío. Se reproduce en la cerámica y en los afiches promocionales, se exhibe en los desfiles. En los parques, los niños recorren las aceras en pequeños modelos de madera. Con la palma de cera, los verdes de la cordillera, el café, la guadua, la forcha y el despecho, el yipao hace parte del paisaje del Quindío.

Un tapa alta y un tapabaja (modelo 1952), Calarcá, Quindío.

Insólitos vehículos:

Las bicicletas de Tolú

Bicileta engallada en Santiago de Tolú.

Santiago de Tolú es una floreciente población ubicada en las riberas del golfo de Morrosquillo. Deriva su nombre del árbol de Tolú (Miroxylon toluíferum) del cual se extraía un famoso bálsamo curativo. Habitado originalmente por indígenas, se transformó en la época de la Colonia en impor-

tante puerto que permitía el intercambio comercial con las poblaciones ubicadas en las sabanas de Bolívar. En la actualidad es el principal centro turístico del Departamento de Sucre.

Un día, algún "cachaco" agobiado por el sol, le pidió a un habitante de Tolú que le diera "el chance" en su bicicleta desde la plaza hasta el hotel Morrosquillo. Al finalizar el viaje, el turista sacó un billete y pagó "la carrera". Posiblemente así surgió el próspero negocio de las bicicletas-taxi.

Bicicletas y conductores a la espera de pasajeros.

el rey
de
Nasaret

HOTEL
MONTECARLO

Distintos tipos de bicicletas en las calles de Tolú.

Para mejorar el servicio, la bicicleta se ha ido adaptando a las necesidades del cliente: primero un cojín atrás, luego se instala uno adicional adelante del manubrio, más tarde alguien adapta un cochecito adicional para dos personas. De esta manera un solo ciclista puede transportar hasta cuatro pasajeros.

Pero la magia caribe empieza a manifestarse en una estructura tan simple como una bicicleta: el sillín se cubre de vistosos colores que hacen juego con las cintas que penden del manubrio. Entre los radios de las ruedas se tejen complicadas figuras geométricas. De la barra surge un espacio apto para colocar el nombre de la bicicleta o del conductor: "El cuchilla", "El veterano", "El peluca", "La niña María".

Página opuesta y abajo:
Como ocurre con buses y camiones, cada bicicleta tiene su apodo.

336
EL VETERANO

POWER FORK
LA NIÑ MARIA ALEJANDRA
KAMURA
REDLINE

Herencia de la hacienda cañera

Sobreviven en el Valle del Cauca, dos expresiones de la señorial hacienda de caña de azúcar: Las victorias de Palmira y los carros cañeros de Puerto Tejada.

Al finalizar el siglo XX, es casi un milagro que sobreviva un medio de transporte que deriva su nombre de la reina que gobernó a Inglaterra durante tantos años. Unas treinta victorias recorren las calles de Palmira prestando el servicio público de carga y pasajeros. Como a las bicicletas de Tolú, la imaginación popular las despojó de la solemnidad

Parqueadero de victorias cerca al mercado de Palmira, Valle del Cauca.

victoriana y las pintó de vivos colores. Cada día se sienten más acorraladas por la lentitud que exaspera a los conductores de taxi que las acosan con desesperantes pitidos y desdeñadas por el público que prefiere los vehículos con radio y aire acondicionado. Mientras el adormilado caballo espanta las moscas con esporádicos coletazos, los áurigas esperan a la entrada del mercado de Palmira a un cliente que prefiera llegar a casa en la anacrónica belleza de una victoria.

Victoria en espera de pasajeros en el mercado de palmira.

También al llegar a Puerto Tejada parece que el tiempo se hubiera detenido en el siglo XVIII. Luego de recorrer las carreteras del Valle y haber esquivado los inmensos camiones cañeros, sorprende encontrar aquellos carretones conducidos por negros que arrean a gritos los aperezados caballos de tiro.

Derecha:
Coche cañero en cercanías de Puerto Tejada, departamento del Cauca.

Abajo:
Victoria en las calles de Palmira, Valle del Cauca.

Carros de bestia

Herederos de aquellos carromatos son las zorras, coches o carros de bestia que existen en toda ciudad o población colombiana. Su estructura es simple: un eje y dos resortes de amortiguación, sobrante tal vez de un camión desaparecido, soportan una plataforma de madera que se amarra al caballo por ambos costados. Algún color obtenido al azar alegra la plataforma. Las zorras hacen acarreos al vecindario cercano, llevan materiales para construcción, mercados, trasteos y a veces pasajeros. Si las chivas han sido desplazadas a las veredas, las zorras son arrinconadas en los barrios marginales de las grandes ciudades. Allí los flacos caballos logran arrancar un poco de yerba, mientras esperan la enjalma y las orejeras para salir a trabajar en desproporcionada competencia con los vehículos de gasolina.

En cada región de Colombia sobreviven pequeños medios de transporte adaptados a la demanda de carga o pasajeros. Carretas, carretillas, bicicletas con plataforma, motos a las que se les adapta un pequeño coche, rivalizan con modernos vehículos en desproporcionada competencia. En lugares donde el tren es sólo un recuerdo, los habitantes construyen carros de rodillos o balineras que impulsan sobre la carrilera con pértigas como las que usaban los bogas del Magdalena.

Carros de bestia en el parque de La Tebaida, Quindío.

A LA ORILLA DEL CAMINO

La religión en el transporte

Romeros y peregrinos

Para casi todas las religiones del mundo existen lugares sagrados, espacios donde ocurrieron hechos sobrenaturales, donde vivieron seres representativos o donde reposan restos de estos seres.

La religión católica ha sido prolífica en estos lugares de veneración. Allí se acude para expiar las culpas y pecados o a pedir un beneficio para sí o para un ser querido.

En la Edad Media existían tres centros fundamentales para el cristianismo: Roma -a la que asistían los "Romeros", Jerusalén y Santiago de Compostela a donde recurrían los "Peregrinos"-. Los caminos que conducían a cada uno de estos lugares se convirtieron en epicentros comerciales y culturales de primer orden.

Por las narraciones de los cronistas y los datos que entrega la Antropología, sabemos que las poblaciones amerindias se desplazaban periódicamente a rendir ofrendas a lugares considerados sagrados.

Desde los primeros años de la Colonia, existen en Colombia lugares de peregrinación donde se veneran imágenes a las que la tradición y la fe popular les atribuye poderes sobrenaturales. Algunas de estas imágenes tienen influencia nacional y otras regional. Dentro de las primeras se encuentran los santuarios de la Virgen de Chiquinquirá en Boyacá, el Santo Cristo de Buga en el Valle del Cauca, Nuestra Señora de las Lajas en Nariño y el Divino Niño en el barrio 20 de Julio en Santafé de Bogotá. Otros santuarios a los que acuden peregrinos y promeseros son la Virgen del Carmen de Apicalá, Nuestra Señora de Torcoroma en Ocaña, El Señor Caído de Girardota, La Virgen de Monguí, María Auxiliadora de Sabaneta, El Señor Caído de San Pedro de los Milagros, la Virgen de Bojacá, San Pedro Claver en Cartagena, El Cristo de Monserrate, La Virgen de Guadalupe y la Virgen de la Peña en Santafé de Bogotá.

En cada uno de estos lugares existe una próspera economía alrededor del santuario. Imágenes, novenas, veladoras, artesanías, restaurantes se ubican en cercanías de la iglesia para poner a la venta la más variada oferta. Como en la Edad Media, en la peregrinación se combina la fiesta con el recogimiento, lo sagrado y lo profano conviven de manera armónica. En los días clásicos el ambiente que reina es más de carnaval que de sacrificio. Desde la alborada hay pólvora y música. Vendedores ambulantes ofrecen globos de colores, algodón de azúcar, fotos instantáneas. Los puestos de comida arrojan al transeúnte los más variados aromas. Los transportadores hacen su agosto.

Santuario de las Lajas, Nariño.
Acuarela de Manuel María Paz para la Comisión Corográfica.

Chiquinquirá

"De Chiquinquirá yo vengo de pagar una promesa..."
Canción popular

"Es Chiquinquirá, la villa de los milagros y las peregrinaciones, centro a que se dirigen y de donde parten todos los caminos..."

Peregrinación de Alpha.
Manuel Ancízar.

En Colombia, el lugar de peregrinación más antiguo e importante ha sido Chiquinquirá, en el departamento de Boyacá. Allí se venera la imagen de la Virgen del Rosario acompañada por San Antonio y San Andrés. El cuadro fue pintado en 1563 por Alonso de Narváez para ser colocado en una pequeña capilla en Sutamarchán. A los pocos años la imagen estaba totalmente deteriorada por lo cual se retiró de la capilla y la tela fue utilizada para secar granos y semillas. Dice la leyenda que una mujer llamada María Ramos la recogió y la colocó en su habitación y el día 26 de diciembre de 1580 se renovó, recobrando sus colores originales.

Según relatan las crónicas, *"La fama de tan impresionante suceso corrió rápidamente por todo el vecindario. Indios y españoles comenzaron a acudir de todos los alrededores, y a pesar de lo trasmano del lugar y de lo impasables que eran los caminos, en un par de meses todo el territorio de Nueva Granada estaba informado y los milagros empezaron a multiplicarse"* [(1)].

Fuera del comercio y de las visitas que realizaban los funcionarios de la Corona, durante la época de la Colonia, el único motivo para realizar grandes recorridos era la peregrinación a la Virgen de Chiquinquirá.

En 1850, cuando la Comisión Corográfica pasó por aquella Villa, Manuel Ancízar calculaba en *"cerca de 30.000 los peregrinos de todos los puntos de la República y algunos de Ecuador y del Perú, no faltando ejemplares de peregrinos venezolanos y aún españoles venidos de ultramar... sin embargo, no hay en la villa una sola posada que merezca este nombre..."* [2]. La última afirmación la había constatado el viajero inglés Joseph Brown cuando arribó a la población el 9 de Febrero de 1834 y *"después de despertar a varias familias logré conseguir un sitio y lo últimamente que obtuve fue una sucia pulpería con dos cuartos encima en los que había unos treinta peregrinos, durmiendo todos tendidos en el piso como otras bestias en su madriguera..."* [3].

El objeto del viaje no es el santuario, es el peregrinar. La meta es el propio camino. Si bien el fin último es religioso: cumplir la promesa o pedir el favor, en el camino reina la música, la fiesta. En el grabado de Torres Mendéz se nota la alegría de los romeros. Armando Solano los describe con precisión: *"El promesero es feliz. Es el único ser indiscutiblemente feliz que yo conozco. Ha trabajado todo el año sin otra ilusión que la romería. Cumple un vivo anhelo de su alma, puesto que va impulsado por la fe hacia el remedio de sus pesares, y les da expansión a las rudimentarias concupiscencias de sus toscos sentidos. Del rostro tostado de los promeseros irradia el contento; van locuaces, ágiles, galantean a las mozas de las ventas, y le dan en todas partes doble ración a su caballo. Si un promesero llora, no lo compadezcáis; esas lagrimas son de alegría, o las produjo el exceso de licor... Las caravanas se suman a las caravanas; y cuando llegan a la posada al caer el día, son ya tropas tan numerosas como alegres, imposibilitadas por sus proporciones para acampar bajo techo. Entre los que tocan tiple, bandola, pandereta, chucho y dulzaina, se forman bandas abigarradas y pintorescas, que acompañan sin cesar en el camino a los copleros infatigables que sobre una misma tonada cantan los más originales versos... No es extraño que gaste una de estas caravanas quince o veinte días en llegar a su destino; las jornadas son cortas, y a veces el santo del milagro está muy lejos; pero al fin llegan. Al sitio de la promesa penetran como a ciudad conquistada; con los trapitos domingueros puestos, con los pies bañados, pañuelo rojo al cuello, y entonando lo mejor del repertorio. Después se diseminan por la villa; pagan una salve en el templo, y se desencadena en la población una orgía que tiene algo de liturgia, una orgía desenfrenada y casi silenciosa, durante la cual no se deja de ofender a Dios con la más santa intención. Los promeseros se albergan en salas inmensas, viven y duermen en absoluta e irrestricta promiscuidad, y se olvidan durante ese tiempo hasta de las más arraigadas preocupaciones..."* [5].

Romería a Chiquinquirá por Ramón Torres Méndez.
Litografía de A. Delarue, París.

"Es Chiquinquirá, la villa de los milagros y peregrinaciones, centro al que se dirigen y de donde parten para todos los caminos, numerosos devotos a pié y a caballo. La pulida dama de las ciudades con su largo traje de montar, su ligera ruanita de hilo, el reducido sombrero de jipijapa con velo verde, y el rostro enteramente cubierto con un pañuelo para preservarse del sol y del polvo; el caballero acompañante, montado en un potro de raza, enjaezado con la ancha silla de Chocontá, descomunales espuelas que hacen contra los cerrados estribos de cobre el ruido de una fragua, zamarros de piel de león, amplia ruana listada y sombrero de grandes alas cubierto con hule blanco; la campesina rica, sentada confortablemente en su sillón colorado con chapas de plata, ambos pies sobre una tablilla pendiente de fuertes correas, mientras la robusta persona se apoya contra el espaldar y los brazos del sillón, oprimiendo el lomo de un caballo vigoroso y sufridor, guiado por el complaciente y grave jefe de la familia gloriosamente ataviado a lo orejón genuino, con todos los colores del arco iris; el peón socorrano, de ruana diminuta, sombrero de trenza y calzón de manta rayada, manufacturas de su propia tierra; el de Girón y San Gil, vestido de azul, y el sombrero enriquecido con un escandaloso hule nuevo, dejándose llevar más bien, que acompañando a tres o cuatro paisanas suyas, con enaguas de lienzo, también azul, rematadas por una arandela, sombrero de palma de copa alta y pañolón colorado con ramazón amarilla; la guaricha bogotana, regordeta, pequeña, cara chispeante entre el embozo de la mantelilla de paño, abundantes enaguas de bayeta fina y la patita encerrada en blanca alpargata; en suma todos los matices del traje peculiar a cada provincia, todos los tipos de casta, desde el indio puro hasta el europeo de ojos azules, todas las edades y condiciones se ven allí reunidas en una masa viviente, cuya idea cardinal es "ver a la Virgen..." [(4)].

Peregrinación de Alpha.
Manuel Ancízar.

El promesero actual

El promesero de hoy ha leído en las páginas de algún periódico la oferta de la santa excursión a Chiquinquirá, Las Lajas o Buga. Alegres se embarcan las de la Legión de María, las de la Congregación Mariana, los miembros de la Acción Comunal. En bus expreso "charter" -dicen los promotores- cubren las jornadas.

Para evitar congestiones, los vehículos deben parquear a unas cuadras del santuario. El grupo llega compacto. Las mujeres acicalan a los niños como para una foto. A la en-

Basílica del Señor de los Milagros. Buga, Valle del Cauca.

trada compran el cirio o veladora símbolo de su promesa. Con reverencia los hombres se quitan el sombrero. Al ingresar, buscan con los ojos ansiosos la imagen que los ha hecho venir desde tan lejos. Todos se persignan y alguien entona una oración. Por los costados laterales un penitente de rodillas y con los brazos extendidos recorre la nave del santuario.

Familiarizados con el entorno, se atreven a ingresar hasta el lugar donde puedan colocar la ofrenda, a renovar el antiguo ritual del fuego. Se intenta recogimiento pero alrededor hay una agitación de feria. La gente entra y sale, se escucha el murmullo de los corrillos de promeseros; con un viejo cuchillo, un sacristán remueve la parafina que han derramado los velones.

Terminado el ritual, se sale del santuario con la satisfacción del deber cumplido, con el convencimiento de que la culpa ha sido redimida o que la petición será cumplida. El grupo se siente en vacaciones, con licencia para reiniciar la fiesta. Lo primero es el registro fotográfico frente al santuario, la prueba irrefutable de que se cumplió la promesa. Los fotógrafos tienen también variedad de ofertas: hay telones con la virgen, caballos mexicanos, camellos de cartón-piedra, carruseles para los niños.

Fotógrafos en la Plaza de Chiquinquirá, Boyacá.

Venta de imágenes, artesanías y comestibles en Chiquinquirá, Boyacá.

Luego de la foto se ingresa al increíble mercado de objetos de culto. Un joven ofrece con ingenuidad "cuerpitos y milagritos baratos" -velas de cera que representan distintas partes del cuerpo humano-; en el fondo del almacén aparece todo el santoral de plástico; en la vitrina llaveros, medallas, rosarios y escapularios. Una señora ordena una infinita colección de novenas y oraciones; más allá están los puestos de cruces, corazones y cajitas de vidrio y espejo con distintas estampas de la corte celestial. Luego los puestos de dulces y bocadillos para el camino de regreso y en un rincón, sin mucho alarde, el yerbatero con su infinita oferta de plantas medicinales para el cuerpo y para el alma. Lo sagrado y lo profano en una sola cuadra.

Mientras el grupo de peregrinos realiza su ritual, el conductor hizo bendecir el carro por un fraile de aspecto medieval que roció agua bendita en el motor y pronunció alguna oración protectora. Luego compró imágenes de San Cristóbal, la Virgen del Carmen y el Divino Niño, patrones de los conductores y las colocó en el tablero y con recogimiento prendió su veladora ante el santuario, implorando un regreso seguro.

El sincretismo religioso se manifiesta entre otros objetos, en estas pirámides con ajos en el interior, a la venta en los alrededores de la Basílica de Buga.

Altares y calvarios

"... en mi tierra la religión no ha sido avara en sus prodigios, y en un recorriendo veinte kilómetros, darías seguramente con algún santo de reconocida eficacia..."

La Romería
Armando Solano

Altares

Existe un transfondo religioso en toda la operación del transporte terrestre. En las oficinas de la empresa permanece una vela encendida para proteger a los vehículos que están en carretera; choferes y ayudantes llevan con devoción el escapulario de la Virgen del Carmen; los más prósperos lucen relucientes medallas de oro. Dentro del vehículo, en el tablero, en la parte superior o en la palanca de cambios están presentes las imágenes protectoras. Afuera, sobre el purificador, una pequeña figura de la Virgen o el Niño

Monumento a la Virgen del Carmen a la entrada de Guateque, Boyacá. Entreveradas con las farolas de automóviles se encuentran pantallas de televisión colocadas como ofrenda.

Jesús; en la tapa posterior la pintura del santo protector del pueblo. En algún lugar visible, la frase evocadora: "No hay como Dios", "Dios me guía", "Virgen del Carmen, protégenos".

Desde tiempos inmemoriales existen los altares del camino. En las rutas de peregrinación, estos lugares coincidían con los puntos de descanso. En la actualidad los encontramos a la salida de las poblaciones, en las curvas peligrosas,

Monumento a la Virgen del Carmen en el Valle de Tenza, Boyacá.

en los lugares donde es frecuente la niebla. Son colocados para agradecer un favor o para pedir protección.

Hasta hace muy poco los altares del camino eran honrados con flores y una veladora que se dejaba encendida como ofrenda. La llama viva, símbolo de la luz espiritual, de la memoria perenne, del renacer, de la purificación de mal. El conductor o el fogonero detenían la marcha ante el altar y con devoción prendían su veladora. Era pésimo aguero apagar o robar la vela ajena.

Altar a la Virgen del Carmen en cercanías a Samacá, Boyacá.

INRI

Altar con diferentes imágenes en la vereda Santa Elena de Medellín.

Arriba izquierda:
Altar a la Virgen del Carmen en el Valle de Tenza, Boyacá.
Arriba derecha:
Altar a la Virgen de Chiquinquirá cerca a la laguna de Fúquene, Cundinamarca.
Abajo:
Altar en la carretera Tunja-Villa de Leyva.

Arriba izquierda:
Calvario en cercanías a Ráquira, Boyacá.
Arriba derecha:
Altar a la Virgen del Carmen en Tibiritá, Cundinamarca.
Abajo:
Altar con caballito de Ráquira como ofrenda a la Virgen del Carmen. Peaje de Villa de Leyva, Boyacá.

Desde hace unos años la veladora ha sido reemplazada por la farola quemada del vehículo. Con la misma simbología del objeto que produce la luz, los altares han sufrido una gran transformación. En vez de los ahumados altares antiguos, hoy encontramos farolas de todas las marcas colocadas en diversas formas: empotradas en el barranco, pegadas en las escalas que dan acceso al altar, colgadas del techo, etc.

En algunos altares ubicados en Guateque y Garagoa, en el departamento de Boyacá, al lado de las farolas, los oferentes colocan pantallas de televisión fundidas. Es decir, la tecnología usada para las ofrendas. Expresión de nuestra cultura híbrida, de un mundo modernizado en un ámbito premoderno. ¿Qué significado tiene una televisión colocada como ofrenda? ¿qué luz misteriosa se ofrece a la Virgen a través de esa pantalla?

Página opuesta:
Farolas incrustadas en el talud de la carretera en altar a la Virgen del Carmen. Salento, Quindío.

Abajo:
Altar con ofrendas en Manta, Cundinamarca.

En la mayoría de los santuarios del camino se venera a la Virgen del Carmen, patrona de los transportadores (y de los comerciantes y militares). El otro patrono, San Cristóbal ha

cedido terreno después del Concilio Vaticano. En los últimos años ha cobrado singular importancia la vocación del Divino Niño. Otras imágenes protectoras de los transportadores son la Virgen de Fátima, El Cristo de Girardota, La Virgen de Chiquinquirá, La Milagrosa, El Santo Cristo de Buga y la Virgen de Las Lajas.

El 16 de julio los transportadores celebran la fiesta de la Virgen del Carmen. Desde el 8 se inicia la novena, con misa y unos cuantos voladores. En la fecha clásica mandan cantar misa, desfilan en procesión por calles y caminos,

Altar con ofrendas en el Alto de la Línea,Quindío.

refaccionan los altares, pintan de nuevo las imágenes, bendicen y decoran los carros con cintas blancas y azules y sobre todo, queman pólvora de tronamenta en homenaje a su patrona y protectora.

En algunos lugares, el 3 de Mayo, día de la Santa Cruz, las orillas del camino se cubren de cruces de todos los estilos y tamaños: las hay de guadua, de madera cubierta de papel brillante, de flores recién cortadas. Del madero transversal penden las ofrendas, las peticiones para el año: semillas, una bolsita con dinero, el zapatico de un bebé.

Virgen del Carmen en la carretera a Guateque, Boyacá.

Calvarios

Las carreteras de Colombia son una larga sucesión de calvarios. Recuerdan el lugar donde alguien murió o fue encontrado sin vida. Son pequeños altares o crucifijos con los cuales los seres queridos quieren perpetuar el recuerdo del muerto. Anteriormente los caminantes ponían una pequeña piedra en señal de respeto. En la actualidad, a algunos les colocan farolas para pedir protección al difunto. A la mayoría les ponen flores: una buganvilia, una rosa y dos dalias blancas, un girasol en una solitaria cruz de camino, hablan de recuerdos, quieren decir que el difunto sigue viviendo en la memoria. *"También el olvido/se pega en las letras de las viejas tumbas"* dice en algún poema Manuel Mejía Vallejo.

Cruz de Mayo en la vereda Santa Helena, vía a Rionegro, Antioquia.

Oración del conductor a San Cristobal

"Dame, Dios, mano firme y mirada vigilante para que a mi paso no cause daño a nadie.
A Ti, Señor, que das la vida y la conservas, suplico humildemente guardes hoy la mía.
Libra, Señor, a quienes me acompañan, de todo mal, enfermedad, incendio o ACCIDENTE.
Enséñame a hacer uso también de mi vehículo para remedio de las necesidades ajenas.
Haz, en mí, Señor, que no me arrastre el vértigo de la velocidad y que, admirando la hermosura de este mundo, logre seguir y terminar felizmente mi viaje.
Te lo pido, Señor, por los méritos e intercesión de San Cristóbal, Nuestro Patrono. Amén."

Altar a la Virgen del Carmen en la vía San Jacinto-Carmen de Bolívar, departamento de Bolívar.

A la orilla del camino

"La piña y la guanábana aroman el camino
y un vino de palmeras aduerme el corazón"

Balada de la loca alegría
Porfirio Barba Jacob

Venta de auyamas en Ventaquemada, Boyacá.

Se vive de la carretera. Existe una economía en permanente movimiento. Tan pronto cae un derrumbe aparece alguien que ofrece "tinto", "bolis", "cremas" o "refrescos". A las

orillas del camino surgen pequeños puestos de venta de los productos de la tierra o de las manos artesanas de sus habitantes.

Cuando se construye la carretera, en los campamentos aparece la mujer que vende almuerzos para las cuadrillas. Al poco tiempo tiene un kiosco donde surte aguardiente los domingos. Al terminarse la vía, ya existe un pequeño restaurante con mesas cubiertas de manteles de cuadros verdes y rojos sobre los que se colocan el salero, el frasco con palillos y el ají que uniforma todos los sabores. La robusta

Venta de frutas en San Jerónimo, Antioquia.

Venta de frutas, vía Zarzal

propietaria de delantal y matamoscas en la mano, saluda con familiaridad y ofrece las delicias del día.

En los restaurantes de carretera, si bien es importante la sazón, ante todo prima la cantidad. Para una larga jornada, un conductor canchero no come sino que "tanquea". Según el lugar del camino donde lo sorprende el hambre, pide inverosímiles "sancochos de sábalo", "viudos de capaz",

Vendedor de piña y parva en cercanías de Pereira, Risaralda.

"lechona", "pepitoria", "puchero", "arroz atollao" o "bandeja con de todo". Para conductores y viajeros los lugares se identifican más por los sabores que por los paisajes.

Algunos platos parecen elaborados más por un poeta que por un cocinero. En Bolívar se encuentran "plátanos en tentación", en el Tolima "mistelas de mejorana", en el Cauca "salpicones de Baudilia" y en el Valle "tamales de resplandor".

Vendedores de arepa de huevo en cercanías al canal del Dique, Bolívar.

Venta de mangos en Santa Bárbara, Antioquia.
Venta de frutas en cercanías a La Tebaida, Quindío.

Recolección y venta de tomates cerca a Guateque, Boyacá.
Venta de achiras en el Tolima.
Venta de frutas en Duitama, Boyacá.

En las paradas intermedias, en los peajes o retenes, los buses no han detenido la marcha cuando ya los vendedores están ofreciendo las delicias que recién han salido de los hornos caseros, de la pequeña industria que alimenta los caminos. El pasajero sabe que está en Luruaco por la bandeja de "arepas de huevo" que tiene en frente; en Sincelejo disfrutará de "butifarras", "caribañolas" y "bollo limpio"; "pandequeso" y "gelatina de pata" en Santa Rosa de Osos; "génovas" y "chorizos" en Chinchiná; "pandebono", almojabana" y "panderos" en Guacarí; "empanadas de pipián" en Piendamó; "bizcochitos de achira" en Flandes. Para la sed y de acuerdo con la región se puede tomar un buen vaso de "guarapo", "forcha" o "champús".

Venta de mangos en El Espinal, Tolima.

La variedad de climas de Colombia permite encontrar una inmensa oferta de frutos tropicales: piñas en el Cerrito, sandías en San Onofre, caimitos en Cereté, naranjas en Anolaima, chontaduro en Buenaventura, aguacates en Carmen de Bolívar, papayas en Yaguará, granadillas en Urrao, auyamas en Turmequé, uvas en la Unión, feijoas en Tibasosa, mangos en Santa Bárbara, mamoncillos en San Jerónimo, tamarindos en Santa Fé de Antioquia.

> *"...El tamarindo es la fruta que más me gusta porque es de negros y de tierra caliente. Qué sería de los blancos cuando van a tierra caliente si los negros no les sirvieran refrescos de tamarindo. Con el sabor áspero del tamarindo se forman bolas ácidas recubiertas de azúcar que sirven para vender en las calles de Cartagena y se hace una miel espesa de tamarindo para lamer sobre hojas de plátano. También se hacen sorbetes para el arzobispo y además el árbol de tamarindo produce una sombra verde y fresca para construir un banquito y sentarse alrededor del tronco. El tamarindo es un tronco de árbol copudo completamente lleno de tamarindos. Sólo los negros los pueden coger porque no es fruta de blancos. Si los blancos tuvieran tamarindo entonces los negros serían blancos. Pero no puede ser..."*
>
> Tomado de: Alheña & Azumbar - de Jaime Jaramillo Escobar-

Existe una estética popular en la manera como se exhiben los productos. Hay un orden, un secreto juego de cromatismo y armonía en cada puesto de frutas. El rojo de un racimo de corozo contrasta con la maceta de granadillas que cuelga a su lado. La pirámide de anaranjadas auyamas rompe "el verde de todos los colores" de las mesetas de Turmequé. Fuera del gusto, hay un deleite visual en las butifarras que penden simétricas en los puestos de Lorica, en los empaques de guasca de los bocadillos de guayaba de Vélez, en los rosados dulces de Chiquinquirá o en las totumas de manjar blanco de Palmira.

Al paso surgen también los objetos de la artesanía. Fuera de la huerta y el horno, en el rústico taller familiar hábiles

Exhibición de tejidos en Villa de Leyva, Boyacá.

De arriba a abajo y de la izquierda a la derecha:
Venta de esteras en la Laguna de Fúquene, Cundinamarca. Artesanías de madera en Santa Rosa de Cabal, Risaralda. Artesanías en Villa de Leyva, Boyacá.

manos convierten el espartillo, la iraca o la palma de sará en canastos y sombreros. En Ráquira o la Chamba el barro se convierte en ánforas y vajillas; el blanco algodón del Cesar se transforma en hamacas de Morroa o en multicolores chinchorros en Uribia. Hileras de cómodas mecedoras es-

Alfarera de La Chamba, Tolima.

peran al viajero en Sampués; hay sombreros en Aguadas y en San Andrés de Sotavento.

Son los objetos de la Colombia rural, de la centenaria tradición que transforma los recursos del entorno en elementos para el uso o el deleite.

De arriba a abajo y de izquierda a derecha:
Cerámicas en Ráquira, Boyacá.
Monumento a la tejedora en San Jacinto, Bolívar.
Venta de sombreros en el mercado de Ráquira, Boyacá.
Venta de sillas. Sampués, Sucre.
Artesanías en Calarcá, Quindío.
Venta de muebles en la carretera entre Ovejas y Corozal, Sucre.

Breve diccionario

A

A mil:	A máxima velocidad.
A toda:	Cuando el vehículo ha alcanzado alta velocidad.
Aguador:	Ayudante del conductor.
Ahogado:	Vehículo varado por exceso de gasolina en el carburador.
Alpargatiar:	Acelerar.
Arriao:	A alta velocidad. (¡de Arre!)
Aventón:	Recoger a alguien en el camino. Chance, Echar dedo.
Ayudante:	En las chivas y escaleras, persona que cobra el pasaje, acomoda carga y pasajeros, etc.
Azul:	En Medellín, policía de tránsito.

B

Balancear:	Equilibrar las llantas.
Banderazo:	Tarifa mínima de los taxis.
Banca:	Asiento de chivas y escaleras. Corte de la montaña para construir la carretera.
Balastro:	Capa de piedra triturada sobre la cual se coloca el asfalto.
Beriberi:	Defecto en las ruedas de un automóvil que ocasiona vibración en la dirección.
Berlina:	En Boyacá y Santander autobús con carrocería de madera.
Bisel:	Accesorio decorativo, por lo general cromado.
Biselao:	Vehículo decorado con muchos biseles. Hombre con muchas joyas. Embambao.
Bola:	Antiguo vehículo empleado por la policía para transportar presos. Vehículo cubierto para transporte liviano.

Bombа: Estación de gasolina.
Bombero: Operario de la bomba.
Bomper: Defensa de los automóviles.
Botarse: Bajar, apearse de un vehículo cuando aún no se ha detenido.
Bracero: Persona que carga y descarga los vehículos.
Bultiador: Hombre que carga los bultos y mercancías del camión a la bodega.
Bus: Vehículo automotor para el transporte público masivo, que recorre un trayecto fijo dentro de un mismo centro urbano incluyendo a veces su periferia.(NDA Tomo I 59).
Busero: Conductor de bus.
Buseta: De dimensiones más reducidas que el bus.

C

Cacho: Parte del chasis que sostiene la suspensión y las ruedas.
Cabrillero: Conductor hábil y con experiencia.
Cafetera: Vehículo antiguo y en mal estado.
Caimán: Conductor esporádico. Que no conduce un carro fijo.
Caimaniar: Conducir vehículos de servicio público a destajo.
Camabaja: Camión remolque para conducir tractores y otros vehículos pesados.
Campana: Aditamento que sostiene las ruedas.
Capacete: Parte superior de un bus o camión en donde se lleva carga y a veces pasajeros.
Carepalo: Vehículo cuya cabina es de madera.
Carevaca: Campero Toyota Land Cruiser.
Cargue: Subir las mercancías al vehículo.
Carrera: Desplazamiento en taxi de un lugar a otro.
Carreteable: Camino angosto sin pavimento.
Carro: Automóvil.
Carro de bestia: Vehículo de dos ruedas de tracción animal.

Carro'e plaza:	Vehículo de transporte público de carga o pasajeros.
Carrotanque:	Camión para transportar líquidos.
Cascajero:	Carretera sin pavimento.
Cascajo:	Monedas de poco valor.
Coca:	Aditamento que protege la zona de los pernos de una rueda. Copa.
Coger:	Subir a un vehículo.
Coche:	Carro de dos ruedas de tracción animal.
Cocuyo:	Luces de parqueo o luces bajas.
Colectivo:	Taxi que transporta a varias personas en un recorrido fijo.
Comelón:	Automóvil que consume mucha gasolina.
Conductor:	Chofer.
Corneta:	Pito de aire. Instrumento de tonos graves.
Coroteo:	Transporte de un trasteo en un jeep.
Cotero:	Asistente del chofer.
Cuatropuertas:	En la costa, camioneta Toyota. Guayabera de cuatro bolsillos.
Currier:	Vehículo para carga y pasajeros.

CH

Chance:	Recoger a alguien y transportarlo de forma gratuita. Aventón.
Chancleta:	Acelerador.
Chancletiar:	Accionar repetidamente el acelerador para que llegue gasolina al carburador.
Chiva:	En la Costa, Huila y Caquetá. Bus municipal de carrocería de madera.
Chivero:	Conductor de chivas.
Chirrinchero:	En la Guajira, Magdalena y el Cesar, policía de rentas o de tránsito.
Chupa:	En Bogotá, policía de tránsito.
Chuzo:	Acelerador. ¡métele chuzo! ¡a toda velocidad!
Chúcele:	¡Acelere!

D

Despachador:	Persona que controla la salida y llegada de los vehículos de una empresa.
Destapao:	Camino sin asfaltar.
Desguazar:	Desbaratar un vehículo para venderlo por piezas.
Desguazadero:	Taller donde se desbaratan los carros robados.
Direccional:	Luces laterales que indican intención de giro a izquierda o derecha.

E

Echar dedo:	Hacer señas con el pulgar para solicitar transporte.
Engallado:	Vehículo decorado con muchos accesorios. De lujo.
Embalao:	A toda velocidad.
En bombas:	A toda velocidad.
Escalera:	En Antioquia, bus intermunicipal de carrocería de madera y profusamente decorado.
Estaca:	Camión de transporte de carga cuya plataforma está cercada en madera, generalmente usada para el transporte de ganado.
Estrellar:	Chocar, colisionar.
Estribar:	Subir a un bus.
Expreso:	Taxi ó bus contratado para hacer un viaje determinado dentro o fuera de su ruta habitual.

F

Falda:	Cuesta, pendiente.
Faldudo:	Terreno empinado, pendiente.

Fercho:	Chofer.
Fiambre:	Comida que se lleva para el camino.
Flota:	Autobús interurbano.
Fogonero:	Ayudante del conductor. En el ferrocarril era el encargado de mantener alimentada la caldera. En los buses intermunicipales es el encargado del cobro del pasaje, de acomodar la carga, de pagar el peaje.

G

Gallo:	Objeto que decora el vehículo. Dificultad en la reparación del motor.
Gato:	Aparato para elevar el vehículo, puede ser mecánico o hidráulico.
Guía:	Documento de tránsito donde consta el tipo de carga transportada.
Guineo:	En algunas regiones policía de tránsito.
Guanábana:	Automóvil grande y en mal estado.
Gusanillo:	Parte de la válvula de los neumáticos que permite la entrada pero no la salida del aire.

H-I-J

Hueco:	Hoyo en el camino o carretera.
Intermunicipal:	Bus que recorre varios municipios.
Interdepartamental:	Bus que recorre varios departamentos.
Jeep:	Campero.

L

Lancha:	Taxi colectivo amplio y potente.
Latonero:	Mecánico que repara las latas de los vehículos.

Línea: Bus intermunicipal con horario regular. Flota.

La doble: Dícese cuando un vehículo usa la tracción delantera.

La polla: Idem.

Llanta: Funda de caucho vulcanizado que protege el neumático.

Lavadero: Lugar para lavar los carros antes de llegar a la ciudad. Por lo general utilizan caídas naturales de agua.

Limpiabrisas: Aparato para limpiar la lluvia del parabrisas.

Limosina: En Norte de Santander, camioneta cerrada.

Llantra, llantería: Lugar donde se arreglan llantas.

M

Maleta: En Antioquia, Baúl.

Mandar la pata: Frenar en seco.

Mecato: Comida que se lleva para el camino.

Mecha: Vehículo en mal estado.

Metérsela toda: Acelerar al máximo.

Micro: Buseta pequeña con capacidad de 8 a 12 pasajeros.

Mixto: En la costa: vehículo que transporta pasajeros y carga.

Mofle: Silenciador.

Montar: Subir a un vehículo. Arreglar una llanta.

Montallantas: Lugar donde se arreglan y montan las llantas de los vehículcs. Llantería. Vulcanizadora.

Moto: Policía de tráfico.

Motorista: Conductor. Chofer.

Mula: Camión de doble capacidad, equipado con motor de gran potencia, que se emplea para el transporte de carga pesada.(NDA. Tomo I. 278)

N - O

Nave:	Vehículo en muy buen estado.
Nuevebancas:	Chiva o escalera extralargo.
Oreja de perro:	Jeep de modelo posterior a 1955. Su apodo se debe a los guardabarros delanteros.

P

Panadero:	Conductor que viaja acompañado de una mujer. (De un bizcocho)
Pánel:	Camioneta.
Parada:	En la Costa Atlántica: voz para solicitar al conductor que detenga la marcha.
Parabrisas:	Vidrio delantero.
Paradero:	Lugar donde se detienen los autobuses para bajar y recoger pasajeros.
Parche:	Remiendo que se le coloca al neumático. Grupo de amigos.
Parrilla:	Enrejado metálico que se coloca en la cubierta de los automóviles para llevar equipajes.
Parqueadero:	Estacionamiento de vehículos.
Particular:	Para diferenciarlo del servicio público, automóvil de uso privado.
Parte:	Multa impuesta por policía de tránsito.
Pase:	Licencia para conducir.
Patente:	Licencia para conducir.
Patios:	Lugar donde se llevan los vehículos decomisados.
Patrón:	Propietario de un vehículo de servicio público.
Planchón:	Parte trasera de una tractomula.
Planilla:	Documento de tránsito que autoriza recorrer cierta ruta.

Plumilla:	Varilla que sostiene el caucho del limpiabrisas.
Piloto:	Conductor.
Pico, picod:	Pickup. Vehículo de transporte liviano.
Picucito:	Camioneta.
Pichirilo:	Automóvil de modelo antiguo en buen estado.
Plumilla:	Varillas del limpiabrisas.
Policía acostado:	Resalto para disminuir velocidad.
Profesional del volante:	Nombre que en ciertos programas radiales asignan a los conductores.
Pulman:	Autobús pullman de servicio inter-departamental.

R-S

Representante:	Ayudante, fogonero.
Ranchera:	Camioneta.
Reporte:	Multa de tránsito.
Retro:	La reversa. En algunas regiones, tractor de múltiple uso.
Rin:	Aro metálico que soporta el neumático y la llanta.
Sacar la mano:	Varada grave.
Soplao:	A toda velocidad.
Stop:	Farola trasera.

T

Tas:	Taxi.
Telera:	Tabique de madera donde empieza el capacete.
Terminal:	Estación de buses intermunicipales o departamentales.

Tote:	Taxi, con referencia al nombre de la primera empresa de taxis de Medellín.
Trepar:	Subir a una chiva o escalera.
Tripa:	Neumático.
Troli:	En Bogotá, bus eléctrico.
Trompa:	Parte delantera de un vehículo.

U-V

Uilis:	Willys.
Varada:	Desperfecto mecánico.
Volao:	A toda velocidad.
Volcán:	Derrumbe en la carretera.
Volco:	Parte trasera de los vehículos de transporte de carga.
Volqueta:	Camión con volco.
Volquetin:	Camioneta de estacas.

Y-Z

Yi, Yis, Yip, Yies, Yipes, Yises:	Distintas denominaciones de jeep.
Yipao:	En el Quindío jeep cargado.
Yipero:	Conductor de jeep.
Yipeta:	Camioneta marca Willys.
Yegua:	Racimo de plátano que se amarra al guardabarro del jeep cuando este no cabe en ninguna otra parte.
Zumbao:	A toda velocidad.

Fuentes Consultadas

ATLAS LINGÜÍSTICO DE COLOMBIA -ALEC- TOMO VI. Instituto Caro y Cuervo. Bogotá. 1986.

DICCIONARIO FOLKLÓRICO ANTIOQUEÑO. Jaime Sierra García. Ed. Universidad de Antioquia. Medellín. 1983.

NUEVO DICCIONARIO DE AMERICANISMOS.
Tomo I. Nuevo Diccionario de Colombianismos. Instituto Caro y Cuervo. Santafé de Bogotá. 1993.

LEXICÓN DEL VALLE DE UPAR.
Consuelo Araujonoguera. Instituto Caro y Cuervo. Santafé de Bogotá. 1994.

Notas capítulo I

1. POVEDA RAMOS, Gabriel. *Minas y Mineros de Antioquia.* Banco de la República. Medellín. 1981.

2. *REVISTA SÁBADO.* Medellín. 1921. pág. 635.

3. von HUMBOLDT, Alexander. *Sitios de las cordilleras y monumentos de los pueblos indígenas de América.* Solar/ Hachete. Buenos Aires 1968. pág. 60.

4. CANE, Miguel. *Notas de viaje sobre Venezuela y Colombia.* Biblioteca V Centenario/Colcultura. 1994. Santafé de Bogotá. pág. 112.

5. SOJO, José Raimundo. *El comercio en la historia de Colombia.* Cámara de Comercio de Bogotá. s.f. pág. 77.

6. Wilches y su época. *Colección Memoria Regional.* Gobernación de Santander. 1990. V. 5. pág. 126.

7. PARSONS, James. *La colonización Antioqueña en el occidente de Colombia.* Imprenta departamental de Antioquia. Medellín. 1950. pág. 170.

8. von SHENCK, Friederich. *Viajes por Antioquia en el año de 1880.* Banco de la República. Bogotá 1953. pág. 22.

9. CRUZ SANTOS, Abel. *Por caminos de mar, tierra y aire.* Italgraf. Bogotá. 1970. pág. 68.

10. NOGUERA, Aníbal. *Colombia bajo la sombra de sus árboles.* Fondo Cultural Cafetero. Bogotá. 1982. pág. 17.

11. CRUZ SANTOS, Abel. op. cit. pág.. 76

12. OCHOA, Lizandro. *Cosas viejas de la Villa de la Candelaria.* Colección Autores Antioqueños. Medellín. 1984. pág. 167.

13. *Libro de oro de Medellín.* Alcaldía municipal. 1973. pág. 136.

14. OCHOA, Lizandro. op. cit. pág. 167.

15. CRUZ SANTOS, Abel. op cit. pág.. 68.

16. MELO, Jorge Orlando. "Las vicisitudes del modelo liberal (1850-1899)", en *Historia Económica de Colombia.* José Antonio Ocampo compilador. TM. Fedesarrollo. 4a ed. Santafé de Bogotá. 1994. pág. 128.

17. BOAGA, Giorgio. *Diseño de tráfico y forma urbana.* Gustavo Gili. Barcelona España 1970. pág. 39.

18. OCHOA, Lizandro. op. cit. págs. 136-137.

19. BOAGA, Giorgio. op. cit. pág. 35.

20. BARNHART, Donald S. *Colombian transportation, problems and policies 1923-1948.* Tesis de grado Universidad de Chicago. 1953. Biblioteca Luis Angel Arango 388.0986. B17C.

21. BEJARANO, Jesús Antonio. "El despegue cafetero", en *Historia Económica de Colombia.* José Antonio Ocampo compilador. T.M y Fedesarrollo. 4a ed. Santafé de Bogotá. 1994. Pág. 196

22. LLERAS RESTREPO, Carlos. *La economía colombiana desde sus orígenes hasta la crisis de 1929.* Archivo cultural editores. Bogotá 1990. pág. 155

23. BEJARANO, Jesús Antonio. op. cit. pág. 198.

24. BOTERO GÓMEZ, Fabio. "Las vías de comunicación y el transporte". *Historia de Antioquia.* Suramericana de Seguros. Medellín. 1988. pág. 210.

25. PARDO PARDO, Alberto. *Geografía económica y humana de Colombia.* Tercer Mundo editores. Bogotá 1972. pág. 414

26. PARDO PARDO, Alberto. Op cit. pág. 416

27. SAMPER ORTEGA, Daniel. *Nuestro lindo país colombiano.* Biblioteca Familiar Presidencia de la República. Santafé de Bogotá 1997. págs. 155, 236, 264, 317, 347, 385, 400, 409, 419, 447, 485, 539, 606.

28. ZAMBRANO, Fabio. "Desarrollo urbano en Colombia. Una perspectiva histórica". en *Políticas e instituciones para el desarrollo urbano futuro en Colombia.* Ministerio de Desarrollo Económico, D.N.P. y P.N.U.D. Santafé de Bogotá. 1994. pág. 35.

Notas capítulo II

1. *Revista de la carretera al mar.* Medellín, 1928. Colección Sala Antioquia. Biblioteca Pública Piloto.

2. CALDERÓN, Camilo. *Las chivas de Pitalito.* Enciclopedia de Colombia. Círculo de Lectores. Tomo 6 pág 157.

3. HORMAZA Manuel. *Pueblos de Barro.* Editorial Colina. Medellín. 1994. Pág. 172.

Notas capítulo V

1. SALESMAN, Eliécer. *Vidas de Santos.* Apostolado Bíblico Católico. Santafé de Bogotá. 2a. ed. 1997. pág. 56.

2. ANCÍZAR, Manuel. *Peregrinación de Alpha.* Biblioteca Banco Popular. Bogotá.1984. pág. 49,50.

3. BROWN, Joseph. *Tipos y costumbres de la Nueva Granada.* Fondo Cultural Cafetero. Bogotá. 1989. pág. 158-159

4. ANCÍZAR, Manuel. Op cit. p·g. 48.

5. SOLANO, Armando. ¡La Romería!. Tomado de "El Lector Boyacense". Ediciones la rana y el águila. Tunja 1980. Tomo II. pág. 756.

Agradecimientos

El autor y los editores quieren expresar su agradecimiento a las siguientes instituciones y personas que hicieron posible este libro:
Archivo General de la Nación de Colombia, Biblioteca Luis Angel Arango, Biblioteca Pública Piloto de Medellín, Fundación Antioqueña de Estudios Sociales -FAES. Sara González Hernández, Rodrigo Salazar Pineda, Miguel Escobar Calle, Jairo Morales, Alejandro Serna, Arnulfo Villa y "El Pingüino".

Las imágenes cedidas por las diferentes colecciones particulares, ilustran este libro según la siguiente relación:

Archivo General de la Nación: Páginas: 42,43,44,48.

Biblioteca Pública Piloto de Medellín, Colección Archivo Fotográfico, Fondo Melitón Rodríguez: Páginas: 28,30,35,36,37.

Biblioteca Luis Ángel Arango: Páginas: 54,55.

Fundación Antioqueña de Estudios Sociales (FAES): Páginas: 63,64,65,66,67.

Federación Nacional de Cafeteros: Páginas: 126-127.

Fondo Cultural Cafetero: Página 116 arriba.

Archivo Juan Luis Mejía Arango: Páginas: 58,80,81,82, 83,84,85 arriba, 87 abajo, 89,170,173.

Archivo Camilo Moreno: Páginas: 2-3,73,106.

Revista de la Carretera al Mar: Páginas: 45,46,62.

Libro Azul de Colombia: Página 50.

Papel Periódico Ilustrado: Páginas: 26-27,34.

Colección Fabricato: Páginas: 21,25,29.

Revista Sábado: Página 19.

El presente libro de la
Colección Especial de BANCAFÉ,
terminó de imprimirse el día 15 de Noviembre de 1998
en los talleres de Litografía Arco.
Santafé de Bogotá, D. C., Colombia.